优等生必知国学智慧书系

优等生一定要知道的常用语典故

编著 邵勋潜

花山文艺出版社

图书在版编目(CIP)数据

优等生一定要知道的常用语典故 / 邵勋潜编著. -
石家庄：花山文艺出版社, 2011.9(2021.6 重印)
("读·品·悟"优等生必知国学智慧书系)
ISBN 978-7-5511-0326-8

Ⅰ.①优… Ⅱ.①邵… Ⅲ.①语文课 – 课外读物
Ⅳ.①G634.303

中国版本图书馆 CIP 数据核字(2011)第 191719 号

丛 书 名：优等生必知国学智慧书系

书　　名：优等生一定要知道的常用语典故
编　　著：邵勋潜

策　　划：张采鑫
责任编辑：董　舸
责任校对：齐　欣
特约编辑：李文生
全案设计：北京九洲鼎图书有限公司
出版发行：花山文艺出版社(邮政编码：050061)
　　　　　(河北省石家庄市友谊北大街 330 号)
销售热线：0311-88643221
传　　真：0311-88643234
印　　刷：永清县晔盛亚胶印有限公司
经　　销：新华书店
开　　本：650×1080　1/12
印　　张：14.5
字　　数：120 千字
版　　次：2011 年 9 月第 1 版
　　　　　2021 年 6 月第 2 次印刷
书　　号：ISBN 978-7-5511-0326-8
定　　价：36.00 元

(版权所有　翻印必究·印装有误　负责调换)

前言

为了丰富校园生活,为青少年编著的《优等生一定要知道的常用语典故》,呈现在读者面前了!

你一定会背诵鲁迅的名句:"横眉冷对千夫指,俯首甘为孺子牛"吧,但是你知道"孺子牛"这个词语的故事吗?

你一定也知道齐天大圣孙悟空最害怕唐僧念的紧箍咒吧,但是你知道孙悟空为什么怕那紧箍咒吗?

你听说过古代有个叫伯乐的人,但是你知道他是怎么发现千里马的呢?

当你读到陶渊明的"桃花源"这个故事时,你是否觉得这是个美好安乐的境界呢?

亲爱的读者朋友,你手上的这本书能给你聪明的头脑里注入许多生动、活泼的词语故事呢!不信,你翻开这本故事书读读看。

这本书中每个词语故事都注明了其出处,并讲解了词语的含义,最后讲述故事的具体内容。本书力求兼顾知识性、趣味性和可读性,能成为青少年喜欢的一本故事书。这里要说明的是,本书入选的词语虽然是小读者所熟悉的,但是与之有关的故事就不一定为许多人所了解,例如"白眼"等。下面几种情况的词语故事则是本书不收的:

(一)庸俗低级、影响不良的,如"出恭"、"瘪三";

（二）没有故事情节，无话可说的，如"惭愧"、"黄花"；

（三）故事为读者所熟悉的四言成语，如"囫囵吞枣"、"抛砖引玉"等。

本书编著时参考了前人和时贤的一些著述，引用了专家、学者、友人的不少研究成果，由于篇幅有限，恕难一一注明，谨在这里一并表示敬意和谢意。

●邵勋潜

目录

001 安乐窝

002 八斗才
003 白眼
004 抱佛脚
006 鼻祖
007 闭关
008 闭门羹
009 伯乐
010 不折腰

012 沧桑
013 穿小鞋
014 刺股
015 寸阴

017 打油诗
018 戴高帽
019 倒霉
019 得意
021 地头蛇
022 点睛
023 东道主
024 东西
026 毒手
027 断肠

029 恶作剧

030 方寸
031 妃子笑
032 风马牛
034 腹稿
035 负荆

G

037 搞名堂
038 挂冠

H

039 汗马
040 喝墨水
041 哄堂
042 鸿沟
043 鸿鹄志
044 鸿门宴
046 虎口

J

048 鸡肋
049 佳节
051 狡猾
052 佼佼者
053 矫情
054 阶下囚
056 借东风
057 借鉴
058 巾帼
059 金莲
060 紧箍咒
061 锦囊
062 惊鸿
064 井蛙

K

065　楷模
066　苦肉计
067　脍炙

L

069　狼狈
070　狼藉
072　老头子
073　雷池
074　连理枝
075　露马脚
076　碌碌

M

078　马虎
079　矛盾
080　茅塞
081　模棱
082　木鸡

N

084　牛刀

O

085　呕心

P

087　鹏程
088　匹夫
089　破镜

Q

- 091　杞忧
- 092　前茅
- 093　敲门砖
- 094　敲竹杠

R

- 096　染指
- 097　孺子牛
- 099　如坐针毡

S

- 100　三寸舌
- 102　丧家狗
- 103　上当
- 104　蛇足
- 105　射影
- 106　生意
- 107　食言
- 108　势利眼
- 109　书生
- 111　蜀道难

 T

112　踏实
113　泰斗
114　桃花源
116　桃李
117　跳龙门
118　铁公鸡
119　铜臭
120　同舟
121　头悬梁
122　涂鸦
123　推敲

 W

126　忘年交
127　问鼎
129　问津
130　乌纱帽
131　无恙

 X

133　下马威
134　想当然
135　效颦
136　笑中刀
138　朽木
139　雪耻

Y

- 141　掩鼻
- 143　眼中钉
- 144　依样画葫芦
- 145　一窝蜂
- 146　庸才
- 147　渔利
- 148　愚公

Z

- 150　糟粕
- 151　凿壁偷光
- 153　招摇
- 154　真面目
- 156　知音
- 157　智囊
- 158　自毙
- 159　走后门
- 160　左右手
- 162　座右铭

 安乐窝　　语出——《宋史·邵雍传》

 释义

"安乐窝",常用来比喻安逸舒适的生活处所,属于中性词。如果把它形容为专门追求安逸的生活,则带有贬义了。因此在使用时要结合具体的语言环境。

 **故事**

中国古代的知识分子讲究道德修养,认为能安于贫贱,保持高洁的操守很值得提倡。

宋代有一个学者叫邵雍,字尧夫。他自幼勤奋,苦读经史。因为不愿做官,便离家出走游历祖国的名山大川。邵雍访遍了齐、鲁、宋、郑等古国的遗迹回到家乡。从此,他就闭门不出,潜心钻研起学问来。

邵雍刚到洛阳城居住时,因为贫困,住的是破破烂烂的草屋,只能勉强遮挡住风雨。而且他还得亲自上山砍柴,自己动手做饭,侍奉年老的父母亲。

后来,宰相富弼、司马光、吕公著等人退居洛阳,都曾与邵雍结识,并交往甚厚,为他买下了一处田园,修建了房宅,并种了花、插上了柳。这样,邵雍就在此按岁时耕种,自种自收,闲暇时饮酒作诗,自斟自饮,自得其乐,以此淡泊明志,为表示自己"安贫乐道",不求荣华富贵,给其住所起名叫"安乐窝",并且自号为"安乐先生",过着舒适宁静、怡然自得的生活。

后人就把安适的生活环境称之为"安乐窝"。

八斗才

语出——《释常谈》

"八斗才",比喻一个人知识渊博,才学高深。旧时以"八斗才"、"才高八斗"称赞才华出众,有时用作对文人学士的恭维语。

南朝宋时,有个诗人叫谢灵运,他聪明好学,读过许多书,是我国山水诗派的创始者。因为他袭了"康乐公"的封号,世人都叫他"谢康乐"。其实,他也并非事事称心,所谓的"康乐公"只是个虚名而已。不久,他就遭到权臣的排挤,被派到永嘉(今浙江温州一带)去当太守。

离开繁华的京城后,谢灵运总觉得自己怀才不遇,因此常常扔下政务,径自去游览郡内的山水名胜,以此来发泄心中的怨恨,后来他干脆借口有病,辞官离开永嘉,移居到会稽(今浙江绍兴),在依山傍水的地方,修建了精美的房舍,经常与友人夜以继日地饮酒作乐。有一次在千秋亭上饮酒时,谢灵运竟脱光了衣服,狂饮狂叫,地方官吏派人劝止,被他大骂一顿。

谢灵运终日流连在山水之间,写下了许多诗篇。他的诗刻画自然景物逼真细致,受到当时人们的欢迎,大家争相传抄,流传很广。宋文帝即位后,很赏识谢灵运的才华,将他召回京城,让他做秘书监。文帝经常称赞谢灵运的诗作和书法是二宝,这样一来,原来自命不凡的谢灵运更加骄傲,不可一世了。谢灵运觉得魏晋二百年来,除了曹子建外,没有什么人可以与自己相比,他曾经夸口说:"天下才共有一石(dàn),曹子建独占八斗(八斗才),我得一斗,其余的人共分一斗。"

后来，谢灵运故态复发，不守朝廷法度，经常借口生病出城远游，被免去了官职。回到会稽后，谢灵运与太守发生争执，太守上书皇帝告他谋反。文帝知道他狂放不羁，不会真的谋反，就把他派往临川（今江西抚州）去担任内史。谁知他仍然不改旧习，所作所为比在会稽时有过之而无不及。官府派人拘捕他，他竟然下令家将抵抗，结果被以叛逆罪处死，死时年仅49岁。

白眼

语出——《晋书·阮籍传》

"白眼"，眼珠向上翻出或向旁边转出眼白部分，表示看不起人或对某人很蔑视和厌恶。

魏晋时的阮籍性格狂放不羁，蔑视礼法常规。他做事总由着自己的性子来，根本不在乎别人怎么议论。据说他有时驾着车马外出郊游，没有明确的目的，便信马由缰地任意而行。如果走到了路的尽头，无法再前进了，他就停下来大哭一场，然后驾车沿着原路返回，人们称之为"阮籍哭穷途"。

阮籍与人交往，全看是否合他的心意。若是他喜欢的人，如嵇康等

"竹林七贤"中人,他可以与之终日长谈。但若是他看不起的人,则根本不予理睬。据说他的眼睛也很特别,能作"青眼"和"白眼"。"青眼"就是用黑黑的瞳孔看人,令人感到亲切;"白眼"就是只露出白眼对人,显得冷漠而怪异。

有一年,阮籍的母亲死了,丧事办得很热闹。阮籍不喜欢前去吊唁的嵇喜,于是用白眼看着他。嵇喜看到自己好心前来吊唁,却遭到如此对待,就很不高兴地回去了,还将此事告诉了弟弟嵇康。嵇康明白老朋友的心意,就亲自去阮籍家吊丧,而且带去的不是祭礼,而是酒和醪。阮籍见之大喜,马上变作青眼,热情极了。

抱佛脚　语出——《读经》

释义

"抱佛脚",形容平时不作准备,临到急时慌忙应付或者仓皇求救。

故事

王安石,字介甫,宋朝的政治家和文学家,在他的主持下,曾实行了变法,但因此得罪了许多人。那些对他不满的人,总想找机会讽刺、挖苦他。

有一天,王安石和几个客人闲话,偶然谈到佛经,他心中充满感慨,想到这些年为了国家,呕心沥血,却仍不见有多大成效。佛教讲四大皆空,

看来,真是这样。不禁随口念道:"'投老欲依僧!'唉,我老了,正该跟和尚去做伴了。"

不料,有人在一旁紧接着插了一句:"急来抱佛脚!"王安石寻声看去,原是一位与自己政治见解不合的人。他知道此人的意思,心中感到很是不愉快,说:"我这投老欲依僧是一句古诗!你的是什么呢?"那人回答说:"你的投老欲依僧是一句古诗,我这急来抱佛脚是一句谚语。你上句去'投'(头),我下句去'脚'——就成了'老欲依僧,急来抱佛'岂不是妙对吗?"

原来,传说在云南以南的地方有一个国家,该国笃信佛教,还立了一条奇怪的法律:如果一个人犯了死罪,只要能赶到庙宇里抱佛脚表示悔过,不管此人平时是否信佛,都可以赦免死罪。人们称之为"平时不烧香,急来抱佛脚"。此句话经该国和尚传经时流传到我国民间,成为一条常用的谚语。

王安石虽不满那人的讽刺,但细细一想,道理也对,不禁也笑了起来。

鼻祖

语出——《旧唐书·音乐志》

"鼻祖",比喻祖先、创始人。

唐明皇李隆基是个戏迷,他不仅爱看戏,而且还愿意与唱戏的在一起。

有一年元宵佳节,唐明皇与文武百官及梨园子弟共同宴饮。那些唱戏的人为了让唐明皇高兴,化装成各种仙子、妖魔、鬼怪、猛兽,唱着唐明皇自己编的歌曲,在皇宫中尽情歌舞。文武大臣在这样的气氛中也纷纷仿效,戴上各种假面具加入舞蹈的行列。

面对这热闹的场面,唐明皇高兴极了。他一会儿唱,一会儿笑,一会儿打鼓,一会儿击板,最后也加入了跳舞的行列。但他很快就发现,跳舞的人不是化了装,就是戴着面具,只有他自己与众不同。于是,他就往自己的鼻子上抹了些白粉,扮成了一个白鼻子的丑角。他对大家说:"我自己亲自化装,与你们同乐。"那些梨园子弟见皇上也化装跳舞,都高兴极了,于是一直欢跳到第二天早晨。

从那以后,戏剧界都尊唐明皇为戏剧的始祖。因为演戏化装往往都从鼻子画起,唐明皇最初又是往鼻子上涂的白粉,所以始祖也就成了鼻祖了。

 闭关　　语出——《恨赋》

 释义

"闭关",形容闭塞关口,不与外界来往。

 **故事**

东汉时,有个读书人名叫赵壹。他学识渊博,品行高洁,平常所交往的,也都是品行高尚的人。

当时,郡太守袁逢是个很有名气的人物。袁逢表面上虽然很清高,喜欢结交名士,但暗中却和奸臣勾结。赵壹起先没有看清袁逢的真面目,有一次袁逢招聘幕僚的时候,前去应聘。袁逢为了给自己装潢门面,便把赵壹聘为幕僚。

袁逢还常屈尊前往赵壹家中拜访。每次袁逢前来,赵壹都大开正门,并让人把庭园中的通道打扫干净,以表示自己对袁逢的敬意。

但是,一次偶然的机会,赵壹发现了袁逢和奸臣的勾结,这才看清了袁逢伪装清高的真面目。赵壹没想到自己一向尊敬的袁逢竟是一个无耻小人。心中十分恼怒,他也没向袁逢说明理由,毅然辞去了幕僚的差使。

袁逢不知道赵壹已看清自己的真面目,仍去拜访赵壹。他来到赵壹家门口,只见大门紧闭,门前的通道上也一片狼藉,无人打扫。袁逢对守门的庄客说:"请你通报,说袁逢前来拜访!"

庄客前去禀告后,出来说:"主人说他不和缺德的小人交往,所以不想见你!"

袁逢听了,心中悻悻然地走了。

闭门羹 语出——《云仙杂记》

"闭门羹",泛指拒绝客人进门,回避不见。有时也用来指拜访他人时,主人不在。

唐代宣城出了一位名妓,艺名"史凤",轰动一时,方圆百里的贵胄子弟,风流才子都以一睹史凤的芳容为快。

史凤不仅有沉鱼落雁之貌,而且有一副迷人的金嗓子,舞姿更是令人倾倒,赋诗、抚琴、泼墨、作画无不精通,公子哥儿们不惜千里迢迢,重金登门求见。然而史凤却恃才清高,对他们手中的金银不屑一顾,她重才不重金,把前来求见的人以品貌、才学分成三六九等,若是纨绔子弟,不学无术之辈上门,则统统拒之门外。久而久之,一些公子哥儿们对她怀恨在心,

四处造谣中伤史凤。聪明伶俐的史凤对此充耳不闻,但是仍然想堵一堵他们的臭嘴,于是让人准备些粥汤,被拒之门外的人一律款待一碗。后来上门求见的只要一看见摆上粥汤,就知道史凤不愿意接待,知趣地离开了,心中虽然感到不满意,但也无话可说。

这个故事通过风流才子的嘴四处传播,流传至今,"闭门羹"也就成了拒绝客人的代名词,只是后人拒客再也没有一碗粥汤款待了。

伯乐　　语出——《战国策·楚策四》

"伯乐",相传为古代春秋战国时期的人,名叫孙阳,善于相马。指善于发现、推荐、培养和使用人才的人。

楚国贵族春申君黄歇的门客汗明,求见春申君,等了三个月才被他接见。汗明就给春申君讲了一个故事:从前有一匹好马,它老了,被迫拉着笨重的盐车,在大路上吃力地走着。它的四蹄伸得很长,膝骨弯曲无力,尾巴被污水沾湿,皮肤磨破溃烂,汗水洒在地上,口中流着白沫。它驾着车辕,在途中缓慢前行,遇到了坡简直拉不上去。伯乐看到了这一情景,十分痛心,赶忙跳下去,攀扶着这匹骏骥大哭起来,并解下自己的衣服覆

盖在马身上。于是，这匹好马感动地低头叹气，然后仰首长鸣，它的声音震动天地，如同金石撞击而发出的声音。为什么它这么叫？是因为它见到了了解自己的伯乐啊！

讲完了故事，汗明对春申君说："现在我困于穷乡僻壤已经很久了，您还没有推荐提拔我，让我为您高声鸣叫的想法吗？"

不折腰　语出——《晋书·陶潜传》

释义

"不折腰"，形容不愿因利禄而向别人屈服投靠，刚直不阿的精神。

故事

陶渊明是中国最早的田园诗人。他写的诗，大多以自然景物、农村生活为题，其中不少作品批判了当时社会的政治腐败，抒发了他的理想和抱负，读起来清新质朴、平淡爽朗，具有独特的风格。

陶渊明性好自然和淳朴，这与他的经历和处境有密切关系。他祖上世代为官，父亲也当过太守。不幸的是他8岁死了父亲，12岁又死了母亲，从此家境开始破落。但他受过正统的封建教育，很想干出一番大事业。可是当时门阀制度很严，许多具有真才实学的人得不到重用。陶渊明家道衰落，自然得不到朝廷重视。

29岁起,陶渊明才由别人推荐,做过几任小官。东晋义熙元年(公元405年)秋,他迫于生计,来到离家乡不远的彭泽当县令。

这年冬天,郡太守派了一名督邮,到彭泽县来督察。督邮是太守的属吏,专门代表太守督察县、乡,传达命令等等,职位很低,却有权势,在太守面前好说歹说就凭他那张嘴。这次派来的督邮是个很粗俗傲慢的人,一到彭泽的旅舍,就叫县吏去叫县令来见他。

县吏不敢怠慢,赶紧禀报陶渊明。陶渊明平时蔑视功名富贵,不肯趋炎附势,对这种假借上司名义发号施令的人很瞧不起,但也不得不去见一见,于是他转身而去。

县吏急忙拉住陶渊明说:"大人,参见督邮要穿官服,并且要束上大带(一种官饰)。不然有失体统,督邮会趁机大做文章,会对您不利的!"

这一下陶渊明再也忍受不下去了,长叹一声道:"我岂能为五斗米向乡里小人折腰!"

说罢,索性取出官印,把它封好,并且马上写了一封辞职信,随即离开了做了八十多天县令的彭泽。

陶渊明宁可辞去官职,也不愿向乡里小人弯腰下拜,这是很有骨气的。从此以后,他一直过着隐居田园、亲自耕种的生活。

沧桑　　语出——《神仙传》

 释义

"沧桑",是沧海桑田的略语。原意是大海变成农田,农田变成大海,后来比喻世事变化很大。

 **故事**

传说古代有一个神仙叫王远。有一次,他从天上降临到凡间的蔡经家。去后,他派遣了一个使者去邀请神仙麻姑。他让使者对麻姑说:"王远敬告仙姑,久不到民间,今天有幸来到此地,您能来聊一聊吗?"

一会儿,使者回来。蔡经没有看见麻姑派来的人,只听到一个声音对王远说:"麻姑向您致意。我们转眼已有五百多年不见了。承蒙您的邀请,我当然要来。但眼下有事要去蓬莱,回来后马上来拜谒。"

过了两个时辰,麻姑果然降临在蔡经家中,人们看到她是一个年纪十八九岁的美貌女子,头顶上挽了一髻,周围的长发垂在腰间,身上穿的锦缎衣服色彩斑斓,美丽得难以形容。

两位神仙落座后,一边吃着金盘玉杯里的仙果佳肴,一边海阔天空地闲谈。谈话中,麻姑很是感叹岁月飞逝,世事变迁。她对王远说:"自从我认识您以来,不知不觉中,已经看到东海三次变为桑田。刚才我去蓬莱办事,才发现东海的水变浅了,只有往日的一半那么深了。难道说,东海又将变成桑田了吗?"

听麻姑一说,王远也颇有同感。他也感叹道:"恐怕的确如您所说,东海将再次变为桑田。因为我也听到过有圣人预言:海中又要扬起尘土了。"

穿小鞋　　语出——《南史·齐东昏侯记》

 释义

"穿小鞋",指人们背地里打击报复和刁难他人的行为,或是利用权势让他人难堪的做法。

 **故事**

从南唐开始,妇女就有了缠足的习俗。古代的妇女竞相争比脚小,以脚小为美为荣,脚大为耻。女孩子年幼时就被迫用布把脚裹上以限制脚长大,而在她们长大谈婚论嫁时,脚的大小也成了首要条件。脚大的妇女有可能嫁不出去。即使嫁出去也要常受婆婆或丈夫的气。

后来到南朝,有那么一户人家养了一个独生女,名叫玉秀。玉秀长到18岁,不仅容貌秀丽,性格温柔,而且脚很小,尺子一量不长不短,正好3寸。玉秀的母亲很高兴。心想她有这么一双小脚不愁嫁不出去,也不必担心到婆家会受气了。媒人上门来说媒,玉秀的母亲听说男方陈家很富有,就动了心。于是,按规矩把女儿的鞋样给了媒婆。媒婆把鞋样给陈家人看了,陈家人上下都很满意,于是同意了这门亲事。陈家也按照规矩照媒婆送来的鞋样大小做了一双绣鞋,连同聘礼送到了玉秀家里。迎亲的日子到了,按规矩新娘必须穿上婆家送来的绣鞋坐轿到婆家。虽然玉秀的脚是标准的"三寸金莲",却费了很大劲才勉强穿进鞋里。原来,很有心计的婆婆为了试探新娶的儿媳是否孝顺,在做绣鞋时有意做小了一分。脾性温和的玉秀虽穿了小鞋,脚痛难耐,却也只能暗自叫苦,不敢流露出半分怨恨情绪。

刺股 语出——《战国策·秦策一》

 释义

"刺股",比喻人们勤学苦读。

 故事

苏秦曾经用连横的主张去游说秦惠王,前后上书十次都没有被采纳。他貂皮衣穿破了,钱花光了,只好离秦回家。

一到家,父母见他那副落魄的模样,便拉下脸来责备他说:"我们苏家一向做工经商,将本求利,可是你非要不务正业,想凭口舌取得富贵!现在弄得这个样子归来,不怕人笑话吗?"

不光是父母责备,妻子也不下织机相见,嫂子则不给他做饭。这一切,深深地刺痛了苏秦的心。他心里明白,造成这种结果,是他没有把荣华富贵带回家,而这又是由于自己学识还不够精深,没有能游说成功的缘故。

于是,他决心重新开始学习,并决定精心研读姜太公的兵法书——《太公阴符》。

精心研读《太公阴符》,要花费很多的时间和很大的精力,苏秦日夜不息地边阅读边思考,并记下自己的研读心得。累了想歇息一下,眼前就浮现出父母的责备、妻子不下织机相见、嫂子不给做饭的情景,便想起要争回这口气,于是重新振作起来研读。

有时实在累得要打瞌睡了,他便用锥子刺自己的大腿,刺出殷红的鲜血,一直淌到脚背上。他让疼痛来迫使自己兴奋起来,继续研读。

与此同时,苏秦还仔细研究各国的地理形势、历史发展过程、政治情况和军事实力,使自己对各国各方面的情况了如指掌。

经过一年多的苦读,苏秦的学识突飞猛进。于是他第二次离家游说。苏秦以他渊博的学识及富有实践意识的合纵学说,先后说服了燕、赵、齐、楚、韩、魏等六国的国君联合起来抗击秦国,并一致同意订立合纵盟约。

公元前333年,六国的国君和将相在洹水(今安阳河,在河南省境内)会盟。大家公推苏秦主持盟约,合封他为纵约长,并担任六国相国,从而使他成为显赫一时的纵横家。他当年刺股苦读的努力,终于得到了回报。

寸阴　语出——《淮南子·原道训》

"寸阴",短暂的光阴。形容时间宝贵,应该努力珍惜,不可虚度。

西汉时候,有一部名叫《淮南子》的书,书中说:"日月一刻不停地运转,时间从不等人,所以古代的圣人把片刻的光阴看得比直径一寸的玉璧还要贵重,因为时间宝贵难得,一丢失就回不来了。"

陶侃很懂得这个道理,把时间抓得很紧。他担任荆州刺史时,官府中的事情很多,一桩桩,一件件都等着他去处理。他每天勤奋工作,一刻不停,把这些事情都办得妥妥帖帖。各地的来信不少,他也都亲自复信,写

起字来非常快,一行字一下子便写好了,好像水流过一样。看到的人没有一个不惊讶。如果有人来拜访,事情一谈好,他马上让客人离开,所以官府门口从来没有停留的客人。

陶侃不但自己把时间抓得很紧,还经常教育下属官员说:"古代的大禹是著名的圣人,尚且珍惜寸阴,至于我们这些平凡的人,更应当珍惜分阴,怎么可以把时间浪费在吃喝玩乐上呢?一个人生前没有做过什么有益的事,死后也没有人知道他,那是自暴自弃。"

一天,陶侃看到官府中有些官吏饮酒赌博,耽误公事,愤怒地说:"把这些酒器、赌博工具全部投到长江里去!"

他又下令把那些赌博的官吏狠狠地责罚了一顿,并严厉地说:"这难道是你们应该玩的游戏吗?"

从此,那些官吏都抓紧办理公事,再不敢把时间花费在玩乐上面去了。

打油诗　　语出——《南部新书》

 释义

"打油诗",原来指唐代人张打油创作出的诙谐幽默、通俗易懂、不讲格律的诗。后人将这类诗歌称为"打油诗"。

 故事

唐朝时候,有一个名叫张打油的人,他喜欢写诗,却故意不按当时做诗严格遵循的"平平仄仄平平仄"的规定来写,而是兴致一来,信口吟唱,不过倒是十分通俗易懂,生动形象,还用俚语入诗,所以颇受老百姓的欢迎。但是,这是正统高雅的诗人学者所不欣赏和不承认的,所以称之为"打油诗"。

这位张打油留下的"杰作"不多,被人们引述最多的是一首题为《雪》的诗：

江上一笼统,井上黑窟窿。
黄狗身上白,白狗身上肿。

这首描写雪景的"打油诗"的大意是：大雪把江上变成了白茫茫的一片；只有井中还是黑的,像个黑洞。黄狗的身上堆满了雪,成了白狗；而白狗身上堆了雪,就变肥了。

但是,近代的"打油诗"往往含有讽刺的意味,对一些不良现象进行幽默而辛辣的嘲笑。

戴高帽 语出——《一笑》

"戴高帽",比喻对人说恭维的话。

北齐有一位名叫宗道晖的人,平日常喜欢头戴一顶很高的帽子,脚穿一双很大的木屐。每逢州官到来,他总是用这种打扮去谒见。当他被接见的时候,总是仰头向上,两手高举,然后深深地跪拜,把头叩到木屐上,对上面来的官员极尽吹拍逢迎。

此外,清代俞樾在《一笑》中也讲了一个很有讽刺意味的笑话:有一个将去外地做官的人,临行前去拜见他的老师。老师嘱咐说:"外地官员不容易当,你办事一定要小心谨慎。"这个人说:"没关系,我已准备了100顶'高帽',逢人就送,自然无事。"老师听了很生气,理直气壮地说:"我们应以正直待人,怎么能够这样呢?"这个人说:"唉!天下的人能够像老师这样不喜欢戴'高帽'的,能有几个人呢?"老师这时候面露喜色,高兴地说:"是啊,你说的也不是没有道理。"这个人说完后就高兴地告别了老师,出来对别人说:"我那100顶'高帽',现在只剩下99顶了!"

倒霉　语出——《消夏闲记摘钞》卷上

"倒霉",指遇到不顺利的事。

自隋唐推行科举考试以来,一旦乡试中第,便在考生的家门口竖好旗杆,杆上高悬着一面大旗帜,上面写着一个很大的"捷"字,以此装点门楣,表示其荣耀。如果某考生在京试高中,还要另竖黄杆,这黄杆上升起一面大的黄旗,大大庆贺一番,以示光宗耀祖。反之,如果京试不中,则把原先竖在门前的旗杆倒放,因此人们称之为"倒楣"。流传中逐渐传为"倒霉",其意延伸为泛称各种不顺利或不幸的事。

得意　语出——《史记·管晏列传》

"得意",是指令人称心如意,感到非常满意。形容某人骄傲而满足的样子。

**故事**

春秋时,晏子(名晏婴)先后担任齐国灵公、庄公、景公的宰相,政绩显赫,名满天下。但是,晏子并不居功自傲,他为人谦和,生活朴素。有一次,晏子出使晋国。齐景公觉得晏子的住宅低湿狭小,又临近街市,很喧闹,便乘他不在时为他建了一座新住宅。但晏子回来后,先拜谢了景公,随后叫人把新房子拆掉,恢复原来的样子,把老住户请了回来,屋归原主。他还说:"君子不该做那种毁人居所的非礼之事。"

晏子有个马车夫,认为自己为宰相赶车,很了不起。他在大街上驱赶着4匹快马,站在宽大的车盖下,一副趾高气扬的样子(原文为"意气扬扬,甚自得也")。一天,马车夫的妻子从门缝中看到了丈夫那副样子,十分恶心。马车夫回家后,妻子对他说:"你现在是个大人物了,我配不上你,请求离去。"丈夫惊奇地问:"你今天怎么回事,说出这种话来?"

妻子趁机教育他说:"晏子高不过六尺,但身为齐国宰相,名扬诸侯。但我看他坐在车上,样子谦和谨慎。你身高八尺,不过是一个马车夫罢了,却做出趾高气扬,盛气凌人的样子。我看不惯你的行为,所以要求离去。"马车夫听了,立即认错道:"你不要再说了,我改了就是。"

从此,马车夫处处注意保持谦恭的样子。晏子很奇怪,问清原因后,赞赏他知错能改,

地头蛇　语出——《西游记》第四十五回

 释义

"地头蛇",指在某一地区范围内有势力的欺压人民的恶霸,现在也可用来比喻本地有一定势力的人物。

 **故事**

唐僧师徒四人赴西天取经,途经车迟国。这里20年前遭到大旱,地绝谷苗。

忽然来了3位法力高强的虎力大仙、鹿力大仙和羊力大仙,他们呼风唤雨,解除了旱灾,而和尚们空念空经,无济于事。从此国王尊道灭佛,把佛寺拆除,把佛像捣毁,和尚们受尽了迫害,死了大半。这件事情被孙悟空知道了,他和猪八戒、沙僧闯入三清殿,推倒圣像,吃了供品,戏弄道士。三位大仙来告国王,孙悟空巧辨并无此事,国王决断不了,就让双方求雨以决曲直是非。

求雨仪式开始,虎力大仙毫不推让,抢先登坛,被孙悟空拦住,说:"你也忒(tuī)自重了,更不让我远乡之僧。——也罢,这正是强龙不压地头蛇。"孙悟空让虎力大仙先祈雨,真身却赶到天上,命令风婆子、推云童子、布雾郎君、四海龙王和雷公等不得降雨。到了孙悟空作法,才下了滂沱大雨,并让四海龙王在车迟国王面前显形,孙悟空终于取得胜利。

22 点睛　语出——《历代名画记》

释义

"点睛",也说"点睛之笔",用来比喻写文章或讲话在关键地方用精辟的话点明要旨,使文章或讲话显得更加精彩和传神。

 故事

南北朝时的梁武帝很喜欢修饰佛寺,他最赞赏的是张僧繇(yóu)的壁画,所以经常让他去画。张僧繇的画画得极好,他在吴兴等地当太守时,许多人竟不知道他的官职,但提起他的画,却无人不知,无人不晓。

张僧繇最善于画动物。他画的动物活灵活现,栩栩如生,人们无不赞叹。有一次,他到一个寺院游玩,在墙上画了一只老鹰。由于画得十分逼真,吓得那些在寺院里筑窝的小鸟纷纷逃走,再也不敢飞回来。更神奇的是,有一次,一个朋友特地请他在新盖的房子墙壁上画画。张僧繇想了想,决定画一条龙。画到一半的时候,突然天空乌云翻滚,雷声隆隆。等到这条龙全部画完后,那龙头简直像是要抬起来,想离开墙壁飞到天上去似的。张僧繇也有点紧张起来,连忙又拿起笔,在龙身上画了一条铁链把它锁住,龙才安分。

张僧繇画龙出现的奇迹马上传开了,许多人半信半疑,都想亲眼看看画家是怎样画龙的。这天,张僧繇又接受邀请到一个寺院里去画龙。人们得知消息,纷纷从四面八方赶来,团团围在墙壁两旁,观看画家作画。张僧繇研墨挥笔,飞快地在墙上画起来,一会儿工夫,人们的眼前就出现了4条龙,它们张牙舞爪,腾飞翻滚,果然像天上飞来的真龙一样,但奇怪

的是4条龙都没画上眼睛。有人就向画家打听这是为什么。张僧繇笑笑说:"眼睛是龙身上最重要的部分,画上了眼睛,龙就会飞走的!"人们以为画家在说笑话,都你一言我一语地议论开来,有几个人催画家快点上龙眼睛试试。张僧繇见大家都不信,就拿起画笔给其中两条龙点上了眼睛。忽然间,雷声隆隆,电光闪闪,这两条龙舞动起来了,一阵狂风吹过,它们腾空而起,一齐飞上了天空。墙上只留下那两条还没来得及点上眼睛的龙。

东道主　　语出——《左传》

释义

"东道主",原意指东边道路上的主人,后用来指接待宾客的当地主人。现在人们也常把请客的主人称为东道主、东道、做东等。

故事

春秋时,晋国公子重耳因继承王位之争曾流亡到郑国,郑文公对他很冷淡。后来,重耳回国做了国君,就联合秦国攻打郑国。郑国是个小国,经不起两个大国的进攻,眼看就要国破家亡,郑文公急得团团转。情急之中,才想起郑国能说会道的老臣烛之武。他想,或许他能想出点好办法。

郑文公见到烛之武后,烛之武却拒绝了郑文公的请求。郑文公无可

奈何地说:"我以前没有重用你,而现在又在情况危急的时候请你帮忙,实在感到惭愧。但是,如果郑国灭亡了,对你也没有好处。"烛之武沉吟了半晌,说:"好吧,我去试试!"

烛之武趁夜晚用绳子吊出城墙,见到了秦穆公。他说:"秦国和郑国,本来是友好的邻邦。现在,如果你帮助晋国灭掉了郑国,晋国就更加强大,而秦国呢?相应的变弱了。这样,对秦国十分不利。如果你撤走秦国的军队,让郑国做你的东道主,那么,秦国的使者经过郑国,我们一定会好好地招待。这样,大家都有好处。"秦穆公听后,觉得有道理。于是,他就命令撤走秦国军队,同郑国结为盟友。为了帮助郑国,秦穆公还留下几员大将同郑国一道守卫都城。

晋文公看到秦国撤走军队,也只好把军队撤回本国。

东西　语出——乾隆皇帝的传说

释义

"东西",泛指各种具体的或抽象的事物。

故事

清朝乾隆年间,政府奖励开垦农田,重视兴修水利,多次减免租税,经济逐步得到恢复和发展。这时候,社会呈现经济繁荣的景象,政通人和,国富民强。但是由于科举中试的读书人越来越多,翰林院有点人满为患,开销也年年增加。

中秋佳节,风清月明,乾隆皇帝微服私访,来到翰林院。因为过节,翰林们纷纷上街喝酒、看戏,本来就是杂草丛生的院子更显得荒芜。忽然,乾隆发现有一个窗户亮着灯,里面还有人说话,他走到窗下看见里面有4个翰林正在赌牌,不禁大为不满。心想:我已下了禁赌御旨,身为翰林,知法犯法,我非治你们不可。正在这当口,只听为首的老翰林说:"不早了,我要睡了。"几个年轻的翰林也哈欠连天。老翰林将牌装入一只柳条筐里,挂在墙上。

乾隆见状心想,捉贼捉赃,这回看你们怎么说。想毕推门进去。

屋里四人见闯进来一个陌生人,正要发怒,忽然发现此人举止洒脱,仪态不凡,顿生敬意,客客气气地起身让座。

乾隆与翰林们闲聊了一会儿,指着墙上挂着的柳条筐问老翰林:"这里装的是什么?"

3位年轻的翰林闻听此言吓得魂飞魄散,脸色煞白。乾隆见状暗暗好笑。但老翰林却从容不迫地答道:"盛的是'东西'。"

乾隆听后感到奇怪,追问道:"盛'东西'?为什么不是盛'南北'?"

老翰林答道:"此筐盛不了'南北'。"

"为什么?"乾隆紧追不舍。

老翰林一字一顿:"东方为土,西方为金,南方为火,北方为水,这是妇孺皆知的五行之道。盛南是盛火,盛北是盛水,不是烧了就是漏了,所以不能盛'南北',只能盛'东西'。"

乾隆听罢,暗自佩服老翰林的口才与学识,同时又为自己很少过问翰林院的事,很少启用翰林而惭愧。他不但没有问罪,反而在3天后下诏:"从今以后,启用'东西'这个新词。"以至于现在的汉语中除了人以外的所有物品几乎都可以叫"东西"。

毒手　语出——《晋书·石勒载记下》

"毒手",比喻杀人或伤害人的狠毒手段。

十六国时,石勒自称赵王,建立了后赵政权。石勒出身平民之家,14岁就跟人到洛阳去做买卖,后来又为人耕过田,也曾被人卖作奴隶。当了赵王之后不久,他把老家上党武乡(今山西榆社北)年高而有声望的人,以及他年轻时的一些朋友请到都城襄国(今河北邢台西南)来,和他们一起按次序坐定,命人端上酒菜,开怀畅饮。石勒与家乡父老们谈笑风生,父老们见石勒称王后不忘乡亲,又不摆架子,也非常高兴。

喝到一半,石勒朝大家看了看,忽然问:"李阳怎么没来?"众人一听都笑了:"他怎么还敢来?想当年,大王为了跟他争夺沤麻池,不知打过多少次!大王常常把他打得鼻青眼肿……"石勒接口说:"孤也常常被他打得脸肿鼻青!""所以他不敢来呀!生怕大王一动怒,把他给'咔嚓'了!"那位父老说着做了个砍头的手势。石勒微微一笑,说:"争夺麻池是平民之间的仇恨。如今孤正要在天下建立威信,怎么会把一位穷苦乡亲当做仇敌呢?何况李阳也是一位壮士,他应该来!"

说着,石勒立即派人到武乡去召李阳。几天后,李阳来了。石勒亲自到门口接他。李阳一见石勒,诚惶诚恐,就要下跪请罪,石勒将他一把拉住,携着他的手领到里面,与家乡的父老们一起就座。石勒特意安排李阳坐在身边。李阳见石勒不记旧恨,真是感激涕零。众位父老见石勒气度宽宏,也都点头表示赞叹。

大家又高高兴兴地喝起酒来。喝到半醉,石勒谈起那场争夺沤麻池的经历。捋起李阳的衣袖,说:"卿年纪老了,不知手臂中的气力还有没有那么大?还跟不跟人争斗打架?孤往日吃足了卿的老拳,卿也饱尝了孤的毒手啊!"说罢,哈哈大笑起来。后来,石勒任命李阳为参军都尉,并赐给他一座住宅。

断肠　　语出——东晋《搜神记》

"断肠",形容悲伤到极点,或对某人、某地的思念之至。

传说晋代的临川东兴地方,有一个人进山去,捉到一只小猿。他便将这只小猿带回了家。谁知,母猿也远远跟在此人后面到了他家。那人将小猿用绳子拴在庭中树上,母猿看见了,便对那人做出哀求的样子,想让他放了自己的孩子,只不过说不出话而已。可是那人心肠很硬,他不仅不理睬母猿的苦苦哀求,反而将小猿打死了,母猿见孩子被打死,发出了一阵阵悲惨的号叫,然后用头撞地,自杀而死。那个人又狠心地将母猿的肚子剖开,发现它因为悲伤过度,肠子都已断为约一寸长的许多段。

又有传说,桓公到蜀地去,他乘船只行到三峡时,看到的是两岸青山,听到满耳猿啼,令他很惬意。船只停下来休息时,一个兵士在岸上捉到了一只小猿,将它带到船上。船只启动时,母猿看见孩子在船上,便从岸上追赶而来,而且一面追赶,一面发出撕心裂肺的哀号声。就这样一连追了一百余里,没有要离去的意思。有一次船离岸较近,母猿竟纵身跳上船来。但它由于劳累和伤心过度,跳上船就倒头死去了,那个兵士剖开它的肚子,看见肠子已寸寸断裂了。桓公听说后大怒,将此人开除了。

恶作剧　　语出——《太平广记》

 释义

"恶作剧"指令人难堪的玩笑行为。

 故事

唐代有一个叫韦生的读书人，全家搬迁到汝州。路上遇到一个和尚，于是与他结伴而行。两人边走边聊，颇为投机。不知不觉太阳已经偏西了。和尚指着前面说："再往前走几里就到我的寺院了，先生是否愿意进去坐坐？"韦生欣然应允了。他让家眷先行，自己仍与和尚一道边走边聊。又走了十多里，还没见寺院。韦生问和尚怎么回事，和尚指指前面树林密处说："这就到了！"他们又继续往前走。这时，太阳已经下山了。韦生心生疑窦：莫不是这和尚不怀好意呢？

韦生擅长射弹弓。于是，他暗暗取出弹弓和铜丸，责问和尚道："我还要赶路，只因为和你聊得投机，才答应到你寺看看，现在都走了二十多里地了，怎么还没有到你的寺院呢？"和尚支支吾吾，只说再走一段就到了。韦生再也没有耐心陪他走了，他断定和尚是个盗贼，就拉开弹弓向他射去，一弹射中和尚的后脑勺，可和尚却显得若无其事。韦生又连射了几弹，和尚才捂着后脑勺，慢悠悠地说："先生不要恶作剧！"韦生看他本事不一般，只得作罢。

韦生随和尚到了寺院，只见几十人列队迎接他们。他的妻子也安然无恙。和尚这才告诉他实情："我是一个盗贼，起初对你确实不怀好意，没想到先生本领如此高强……"说罢，设宴招待韦生，两人结为好友。

方寸　语出——《列子·仲尼》

释义

"方寸"原指一寸见方,形容面积很小,后指人的内心。

传说古时候有一位道家学者,名叫龙叔。他有一天去请教医生文挚。文挚是春秋时期宋国人,医术十分高明。

龙叔说:"都说您文挚是手到病除的神医,您能医治好我的病吗?"

文挚客气地说:"愿意为您效劳,不过请您先讲出病症才好呀!"

"我的病情是这样的:我的家乡有了好名声,我也不以此感到荣幸;我的国家遭到侮辱,我也不以此感到羞耻;我得到宝贝不觉得喜悦,我丢失东西也不以为值得忧愁;我虽活着却觉得与死了一样;虽然很富裕却与贫穷没有区别;我看人与禽兽相差无几了;我看自己的家也和旅店一样,我觉得故乡也好像遥远的蛮夷之国一般……我患的这些病症,用官位和俸禄不能改变我,哀伤和欢乐也不能感动我。正因为我患有这些严重的病症,所以我不能去做臣子而侍奉国君;也不能与朋友亲密地交往;甚至与自己的妻子、家人、奴仆也不能正常地相处……我这些奇怪的疾病,您能医治吗?"

文挚细心地观察龙叔的面颊,琢磨着他的心理。过了一会儿,他说:"请您面向我,背朝窗子亮处站着,我来看看您的心就知道病在哪里了。"

龙叔按文挚的吩咐站在窗前,让阳光射在背上,文挚察看龙叔的前胸,看了许久,忽然惊喜地叫道:"哈哈,我看到您的心了,方寸之地已经空虚啦！您已经够上圣人了，您是把圣人的智慧当成疾病，这可不是我这样的医生所能治疗的呀！您已经懂得了长生之道，将来即使您寿终，灵魂也不会死了……"

原来文挚听了龙叔的自述，知道他讲的全是道家的养生、修身之法，所以和他开了一个玩笑，假称见到他的心，然后说些道家信奉的死而不亡的话来安慰龙叔。

妃子笑　　语出——《过华清宫绝句·其一》

释义

"妃子笑"，荔枝的一个品种。

故事

仲夏时节，长安东面的骊山上，林木葱茏，花草繁茂，画栋雕梁的宫殿楼阁，在满山浓绿中错落地隐现，宛如一堆堆锦绣。山顶上那座华清宫，更是雄伟壮丽，美不胜收。

唐玄宗和杨贵妃在这里寻欢作乐，浴温泉，赏美景，殿上歌舞百戏杂陈，席间山珍海味罗列，这种骄奢淫逸的生活，在他们已是司空见惯的了。

这天午后，杨贵妃懒懒地对高力士说："那东西该来了吧！"高力士回禀道："娘娘，奴才估摸今天就到了。这是限时限刻的，皇上的圣旨，岭

南、蜀地的那些地方官怎么敢怠慢呢!他们不怕砍脑袋吗?"

正说着,一个宫女快步进来禀报:"娘娘,大道上已远远看到驿使骑着马来了!"

这时,两个驿使和他们的坐骑,口里不断吐着白沫。来到山下,没等他们跨下马,就全部昏死过去,沉重地跌在地上。

从山上飞跑下来的几个太监,口里叫着:"娘娘的宝贝来了!"他们走过去卸下马背上驮着的几个金漆木箱,飞奔着抬到山上去了。

金漆木箱里装的是荔枝,那是杨贵妃最爱吃的东西。荔枝虽然滋味鲜美无比,却极容易变味。但既然贵妃娘娘非要吃新鲜的荔枝不可,皇帝便下令,特设驿骑一站站飞驰传送。为此,沿途不知跑死了多少人马,可是只要博得贵妃娘娘笑上一笑,这些人马的死活就无人去过问了。

太监把木箱抬上华清宫,高力士早已在殿外等候。他打开木箱,抓起几颗鲜红的荔枝,剥开果皮尝了尝,哈哈笑道:"不错,几千里外传来的东西,味儿竟没有变!"赶紧吩咐宫女用金盘装起来,双手托着,飞奔送进宫去。

风马牛　语出——《酉阳杂俎·盗侠》

释义

"风马牛",兽类雌雄相诱叫"风",马和牛不同类不致相诱,比喻事物之间毫不相干。

 **故事**

春秋时期,齐桓公率诸侯的军队攻打蔡国。蔡国失败,齐桓公又领兵去攻打楚国。

楚国认为齐桓公讨伐他们实在毫无道理,派使者对齐桓公说:"齐国地处北海,楚国地处南海,彼此之间风马牛不相及(意即马和牛不同类,绝不会互相引诱)。不料你今天竟侵犯到我国的领土,原因何在呢?"

齐国借口说楚国进贡的东西太少,还以齐昭王南征时淹死在楚国等为理由,挥师进发。后来,楚国又派大夫屈完去齐国大军中说理。齐桓公为了显示自己的强大与威风,将诸侯的大军在召陵排列起来,让屈完与他一道乘兵车观看。齐桓公对屈完说:"这样强大的军队,谁能抵挡它呢?用它去攻城,哪一座城池不能够攻克呢?"

屈完毫不害怕,从容地回答说:"大王如果用仁德安抚诸侯,谁会不服从?但你如果坚持要凭借武力来使我们屈服,楚国决不会妥协,我们以方城(楚国的一座山)为城墙,以汉水为护城河,坚守顽抗。齐国和诸侯的军队人数再多,也没有用处。"

齐桓公见屈完说得的确有理,而且态度十分强硬,便下令停止了对楚国的进犯,与楚国及诸侯们订立了盟约。

腹稿　语出——《新唐书·王勃传》

"腹稿",指已经构思好,但是还没有写出来的文稿。

唐代的王勃,年少时就显露出才华,他与杨炯(jiǒng)、卢照邻、骆宾王以诗文齐名,人称"初唐四杰"。相传九月九日那天,南昌都督阎公大宴滕王阁,为了显示女婿孟学士的才华,阎公席间吩咐他当着众人的面作一篇序。当他拿出纸笔请来客作序时,来客都表示不敢当。拿到王勃面前,王勃竟然毫不客气地拿起了笔。来客一看,都很惊奇,想不到小小年纪,却如此不谦虚!都督阎公也十分气愤,声称换件衣服,拂袖而去。

阎公来到内室,叫人把王勃写的文章一句一句地报进来。最初报进文章的前几句,阎公听了摇头说:"太一般了。"但后来的诗句逐渐生动隽永,文辞华美。当听到"落霞与孤鹜齐飞,秋水共长天一色"的句子时,阎公不禁拍案叫绝,叹息说:"真是一个天才啊!"

王勃作的这篇文章叫《滕王阁序》,后来被世人传诵。但人们感到迷惑不解,一个小小年纪的人,当着众人的面,不假思索地写出如此好的文章,这怎么可能呢?后经了解,人们才恍然大悟。

原来,王勃写文章前,先磨好墨,然后躺在床上,蒙着被子苦苦思索。一旦想好,翻身起床,一挥而就,不改一字。久而久之,就形成了习惯,事实上那是在打腹稿。《滕王阁序》其实也是事先打了腹稿才作出的。

语出——《史记·廉颇蔺相如列传》

 释义

"负荆",也说"负荆请罪"。意为背着荆条向对方认错赔礼。荆,是古时用荆条做的刑具。负,背着。

 故事

战国时,赵国有一文一武得力的大臣,武的叫廉颇,他英勇善战,多次领兵战胜齐魏等国。以勇气闻名于诸侯。文的叫蔺相如,他曾两次出使强大的秦国,面对骄横的秦王,他临危不惧,有勇有谋,顺利地完成了使命,维护了国家的尊严。因此,赵王封他为上卿,官位在廉颇之上。

廉颇见蔺相如本来是一个默默无闻的家臣,一下子官位比自己还高,很不服气,到处对人说:"我攻城占地,立了不少大功,而蔺相如只不过动动口舌,地位就在我之上。何况他本是个下等人。官位在他的下面我感到羞耻。如果我遇到他,一定要当面羞辱他。"

有好心人把廉颇的话告诉了蔺相如,劝他去报告赵王。蔺相如不仅不去报告赵王,以后出门还格外小心。听说廉颇来了,就远远地避开。赵王朝见大臣时,他也常常托病不去,避免与廉颇见面。他的手下见了,很不痛快,对他说:"我们之所以离开父母兄弟跟着你,是仰慕你的勇气。现在你的职位比廉颇高。廉颇羞辱你,你却躲着他,如此胆小害怕。老百姓尚且有羞耻之心,何况你是一个大臣呢!我们忍不下这口气,请让我们离开你吧!"

蔺相如坚决不让他们离去,问道:"你们看廉将军和秦王哪个厉害?"

他的部下说:"当然是秦王了。"蔺相如笑道:"秦王是一个强国的国君,我都敢当面叱责他,难道会怕廉将军吗?我只是觉得,强大的秦国之所以不敢侵犯赵国,是因为有我和廉将军两个在,如果我和他两虎相斗,必然是要伤害其中的一个。这样,对国家不利。我之所以让他,是为国家着想,个人恩怨是小事,不该计较。"

这话传到了廉颇耳朵里,他感到很羞愧,便光着上身,背着荆条,到蔺相如的家里请罪。从此,两人结为生死之交,共同为赵国出力。

搞名堂　　语出——《明堂赋》

释义

"搞名堂",形容那些让人不明不白甚至有点神秘色彩的行动。

故事

汉武帝刘彻有一次巡游泰山时,见到一处古代明堂(古代帝王宣明政教、举行典礼等活动的地方,建筑一般都高大、宽敞)遗址,忽然引发了思古之幽情,决定在这个遗址上建造一座新的明堂。但是,因当时明堂建筑已不流行了,文武百官们都没见过明堂是什么样子,更不知道怎样建造。有个善于投机的人叫公玉带,他利用汉武帝急于建造明堂的心理,伪造了一幅富丽堂皇的黄帝时的明堂图。其他人也凭着自己的推测,提出了一些方案,围绕明堂该怎么建的问题,展开了一场争论。虽然最后汉武帝采纳了公玉带的图样,但搞"明堂"的问题却一直争论不休。

无独有偶,到了唐代,武则天也动了造"明堂"的念头,后因大臣刘允论提议说这是劳民伤财的行动,武则天也认为言之有理,才取消了造明堂的行动。但"搞名堂"却成为一个俗语流传下来了。

挂冠

语出——《后汉书·逢萌传》

 释义

"挂冠",比喻辞去官职或辞官归隐。

 故事

逢萌是西汉北海(今山东昌潍一带)人,因为家里贫穷,在县里做了个小小的亭长。一天,县中的都尉经过他负责的都亭。根据当时的规矩,逢萌要手里拿着盾牌,上前迎接,叩头拜见。那个都尉是个得意的小人,趾高气扬,胡乱训斥了逢萌一通,扬长而去。

逢萌莫名其妙遭到训斥,心中十分气愤。他望着都尉的背影,气呼呼地把盾牌丢在地上,说:"大丈夫怎能任人奴役!"

于是,他不辞而别,来到京城长安学习。他熟读经书,学识广博,经朋友介绍,在京城里做了个小官。当时,汉朝的皇帝是汉平帝,大司马王莽把持了朝政。王莽的儿子王宁不满父亲的所作所为,很同情汉平帝。王莽知道后,竟不顾父子之情,把王宁逮入狱中毒死。逢萌听到这件事后,对友人说:"三纲绝了,再不离开,灾祸就将连累我们了。"

于是,逢萌辞别了友人,来到东都的宫门外,把帽子摘下来,挂在宫门上,匆匆离去。他回到家里,带了家属,全家一起出了城,乘一只小船,渡海到辽东去了。逢萌到辽东后不久,便发生了王莽篡位的事。王莽杀了许多反对他的人,但逢萌因有先见之明,避过了这场灾祸。

光武帝即位,建立了东汉政权,逢萌回到北海,在崂山隐居,成了东汉著名的隐士。

汗马　语出——《史记·晋世家》

 释义

"汗马"原指将士骑马作战,马累得出汗。现泛指在工作中作出的成绩。

 **故事**

春秋时,晋国的国君晋献公有个妃子骊姬,她长得很漂亮,又善于迎合晋献公,晋献公很宠爱她,事事都依她。

骊姬生了个儿子,可是晋献公已立了长子申生为太子了。为了让自己的儿子能当太子,她就经常在晋献公面前说申生的坏话,昏聩的晋献公就把申生杀了。

晋献公的另外两个儿子重耳和夷吾见自己的大哥被杀,知道骊姬也不会放过他们,就一个逃到蒲城,一个逃到了梁国。

骊姬见二人逃走,担心将来他们会回来报仇,又逼着晋献公派兵到蒲城去杀重耳。重耳又逃到狄国。后又到卫国、齐国等地,一共在外流浪19年。在这期间,晋献公死了,骊姬的儿子当了国君。晋国的大臣心中不服,就在吊孝的时候把他杀了,骊姬也被鞭子活活打死。晋国没有了国君,顿时大乱。夷吾趁机回到国内,当了国君,号为晋惠公。晋惠公死后,他的儿子晋怀公即位。这时,重耳正好在秦国。秦穆公恨晋怀公不讲信用,就派军队帮助重耳打回了晋国,赶走了晋怀公,让重耳当了国君,号为晋文公。

晋文公即位后,就对那些随他流亡的人员一一论功行赏。有个小臣名叫壶叙,见3次行赏都没有他的份儿,就向晋文公问原因。晋文公把行赏的标准向他说明:"用仁义来引导我,以道德来约束我的人,受上赏;辅助我行事,使我得以继君位的,受次赏;冒着箭矢炮石,在战斗中立下了汗马功劳的,赏赐又低一些。这三赏之后,才能轮到你。"

壶叙听了,无话可说,羞愧而退。

喝墨水　　语出——《隋书》

"喝墨水",学知识学文化的代名词。

在封建社会中,有一次中书省的大官召集地方官员汇报工作,见一官员写的礼品单字迹潦草滥恶,罚其饮墨水一升,用来惩戒习文弄墨不肯下苦功夫的官员。以后,说一个人学问不多,便说肚子里没有什么墨水,或曰:"胸无点墨"。说学问多,则说其肚子里墨水多。

另外,古时候有个皇帝十分有趣。每当科举考试时,他都亲临考场,坐在大堂中间监督考生们。一旦发现有考生试卷字迹不整,文理不通的,便罚他站到后排去喝墨水。在对在职的州官和郡令考核时,他也采用这种办法,考卷中有脱字漏字的,罚站;字迹不工整的罚喝墨水一升,并夺取佩刀。后来,这种方法被教书的先生学了去,学生中有不用功的,便惩罚去喝墨水。

这条荒唐的规定沿袭了几个朝代,虽然后来不盛行了,但是用喝墨水一词来形容知识的多少,却被人们沿用至今。

哄堂　语出——《归田录》

"哄堂",本作"烘堂",形容全屋子的人同时大笑。

唐代的时候,御史分为台院、殿院、察院三部分,由台院一名资格最老的人管理杂事,称之为"杂端"。每当御史们聚集在公堂会餐时,是不准随便谈笑的。只有杂端先笑了,其他的人才能笑。有时,遇到好笑的事,都要忍着,看杂端笑了,大家才一齐跟着哈哈大笑起来,当时人称之为"烘堂"。

宋代的欧阳修记录了这样一件事:有个叫冯相的人和一个叫和相的人同在中书府里做事。有一天,冯相穿了一双新靴子兴冲冲地来上班,和相见了,觉得那靴子很好看,就问道:"先生新买的靴子,价钱多少啊?"

冯相缓缓地伸出右脚,轻描淡写地说:"900。"

"什么？只花了900？"和相惊讶地问。

冯相面无表情，既不说"是"，也不说"不是"。和相是个急性子，见冯相不回答，就回头对其他人说："我的这双靴子怎么花了1800？他怎么买得这么便宜？"又催问冯相，"你在哪儿买的？这么便宜，快告诉我，我也去买一双。"

见和相问得紧了，冯相才又慢慢抬起左脚，漫不经心地说："这只靴子也是900。"

大家才明白冯相是故意卖关子，逗和相玩呢，禁不住哄堂大笑起来。

鸿沟

语出——《史记·项羽本纪》

 释义

"鸿沟"比喻明显深刻而难以逾越的界线。

 **故事**

"鸿沟"原是中国古代一条运河的名称，在今河南省境内，现在已经不存在了。但是"鸿沟"的名字却因为历史上曾在那里发生过的事件而流传了下来。

秦朝末年，反秦主力刘邦、项羽兵分两路，进军灭秦。刘邦抢先占领了咸阳，迫秦王子婴奉献象征皇权的玉玺。随后，项羽也入咸阳，杀掉了子婴,自立为"西楚霸王",封刘邦为"汉王"。

这样,秦朝灭亡之后,就开始了项羽、刘邦争夺天下的长达数年的"楚汉战争"。双方互有胜败,相持不下。公元前203年,刘邦和汉将韩信在成皋等地败楚军,项羽兵疲粮尽,就和刘邦约和,以鸿沟为界,鸿沟以东属楚,鸿沟以西属汉,双方都不得越过鸿沟。第二年,刘邦撕毁了协议,率40万大军进攻项羽,在垓下(今安徽省灵璧县东南)围攻楚军,项羽带领800人马突围东逃,最后在乌江(今安徽和县东北)自杀身亡。刘邦终于即帝位,建立了汉朝。

中国象棋的棋盘中间也有一条界线,上面常写着"汉界"、"楚河",指的就是这条鸿沟。

鸿鹄志　　语出——《史记·陈涉世家》

"鸿鹄志",形容志向远大。鸿鹄:天鹅。

秦朝时候,老百姓受的压迫和剥削非常残酷。农民被迫把收获物的三分之二作为赋税,交给政府。他们还要负担沉重的兵役和徭役,许多人被迫去建造宫殿坟墓,修筑长城,镇守边境地区。秦朝的法律也很残酷,

往往一人犯罪,亲属都得处死,路上到处可以看到被押送去官府的罪犯。老百姓们都恨透了这个政府。

当时,阳城(今河南登封东南)有个雇农,姓陈名胜,字涉。他虽然出身贫贱,却从小就有大志,希望将来能干一番事业。他看到秦朝暴虐无道,穷人吃尽了苦,决心改变这种现状。

一天,陈胜和一些雇工一道到地里干活。他们在田头休息时,一个雇工恨恨地说:"这种世道,真叫人苦得没法活下去!"

另一个雇工说:"有什么办法呢?我们还得活下去呀!"

陈胜听了,连声叹气。过了一会儿,他对大家说:"如果今后我富贵了,一定不会忘记大家!"

雇工们都笑着说:"你也是受人雇佣的帮工,哪里来的富贵呀!"

陈胜叹了一口气,说:"唉,燕子麻雀怎么能知道鸿鹄的志向呢?"

那些雇工听了,都哈哈笑起来。他们当然谁也不可能想到,后来陈胜在大泽乡发动起义,成了中国历史上第一次农民起义的领袖。

鸿门宴　　语出——《史记·项羽本纪》

释义

"鸿门宴",指加害客人的宴会,后用来比喻暗藏阴谋,不怀好意的邀请。

 **故事**

公元前206年,刘邦攻破秦都咸阳,随后,项羽的40万大军也到了。刘邦的10万大军驻扎在灞上,项羽的军队驻扎在新丰鸿门。刘邦的左司马曹无伤见项羽势力强大,想巴结他,就告密说:"刘邦一心想称王关中,派人守住函谷关不让你进来,使子婴当宰相,然后就可以占有秦宫室的所有珍宝。"项羽听后,非常愤怒,准备第二天歼灭刘邦的军队。

刘邦得知消息后,十分恐惧,他的军队怎么能抵挡项羽的进攻呢?他请张良出主意,张良说:"我认识项羽的叔父项伯,通过他给项羽说情,然后,明天一大早,你亲自去鸿门向项羽谢罪,或许可以缓和一下紧张气氛。"

第二天一大早,刘邦带着百余骑来到鸿门,亲自向项羽解释和谢罪。项羽大摆酒宴接待。项羽的谋士范增极力主张在宴席上杀掉刘邦,以绝后患,但项羽不置可否。在宴席上,范增三次暗示项羽动手,项羽都默然不答。范增见机会难得,私下叫来将军项庄,希望他利用宴会舞剑的机会,杀死刘邦,但都被项伯挺身挡住。正在情况十分危机的时刻,刘邦的参乘樊哙闯进了宴会,他当面指责项羽不讲信义,想诛杀有功的人。项羽觉得自己理屈,最终放弃了杀掉刘邦的想法。

鸿门宴上,双方剑拔弩张,各怀鬼胎,杀机四伏,稍有风吹草动,就可能导致双方厮杀火拼。

虎口　语出——《宋史·朱泰传》

"虎口",比喻危险的境地。

古时候,有个青年叫朱泰,家住湖北西山脚下。家中贫寒,靠他上山打柴,挑到一百里外的集市上卖钱,来赡(shàn)养老母过日子。一天,屋外下着雨,老母对朱泰说:"孩儿,你就不要上山干活儿去了。山上路滑难行。"朱泰想想米缸快底朝天了,得砍柴换点油米盐醋回来。再说,娘的生日快到了,得替老人家置办点寿礼庆贺一番呀!他对母亲说:"娘,这点雨不碍事。"他穿上蓑衣戴上笠帽,就冒雨上了山。

一路上,朱泰急匆匆只想尽早爬上山顶,没顾上看别的。等到了半山腰的平台上,猛一抬头,才发现眼前一只饿虎正张着血盆大口等着他呢!朱泰没来得及跑,就觉得一股腥风扑鼻而来,紧接着那只老虎就泰山压顶似的朝他扑上来。

朱泰的小腿被老虎一口咬住,痛得他大声叫喊:"我死了没关系,可家中60岁的老母亲谁去奉养她啊!"一声惨叫便痛昏过去。

雨愈下愈大,大雨把躺在地上的朱泰浇醒。他睁开眼细看,刚才那只吃人的老虎已经不知去向!他想来想去不知怎么一回事。原来,正当朱泰就要死在虎口的时候,恰巧,他手中的斧子一下落到老虎头上,砍伤了老虎的脑门。老虎吓了一跳,环顾四周并无别人,更觉惊异,于是它丢下了朱泰抽身逃命去了。

朱泰回到家,把刚才发生的事对母亲说了。左右邻居听说了这件事,都说朱泰命大,真是"虎口残生"。他娘说:"孩儿,你虎口残生,就改名为朱虎残吧!"为此,左邻右舍还送来了米、蔬菜、甜糕、瓜果,为他们母子俩祝贺。

鸡肋

语出——《三国志·魏志·武帝纪》

 释义

"鸡肋",鸡的肋骨,吃着没味,扔了可惜。比喻没有多大价值又不忍舍弃的事情。

 **故事**

三国时候,曹操率领大军与刘备争夺汉中,结果接连损兵折将。险要地段,又都在刘备控制下,曹操屯兵日久,进不得,退又怕人嘲笑,心中犹豫不决。

一天,厨师送来鸡汤。曹操见鸡汤中有鸡的肋骨,不禁触景生情,正好先锋夏侯惇进来,问夜间口令,曹操随口说:"鸡肋!鸡肋!"于是夏侯惇传令众官,以"鸡肋"为口令。

行军主簿杨修,见传"鸡肋"二字,便吩咐随行军士收拾行装。有人将此事报告夏侯惇,夏侯惇大惊,忙请杨修到营中问:"你为什么收拾行装?"杨修说:"今夜的口令是'鸡肋',鸡肋这东西,吃着没味道,丢了又可惜。如今我军进不能进,退又被人笑,留在这里确实毫无益处,不如早点回去。估计魏王(曹操)明天就要传令收兵,所以先收拾行装,免得临行慌乱。"夏侯惇听了很佩服,说:"您真可以说是魏王的肺腑了!"于是跟着收拾起行装来。

当夜,曹操心情很乱,睡不着,便穿上便衣,手提钢斧,绕着营寨巡视。忽然看见夏侯惇营中军士都在收拾行装。曹操大吃一惊,急忙回到自己营帐中,派人把夏侯惇叫来,问他原因。夏侯惇说:"杨修预先知道大王想收兵回去。"曹操又把杨修叫来询问,杨修仍以"鸡肋"的意思做了回答。曹操大怒说:"你怎么敢制造谣言,乱我军心!"喝令刀斧手把杨修推出去斩了,并把他的头颅挂在辕门外示众。

曹操还假意要杀夏侯惇,经众人求饶才罢手。曹操又下令第二天进兵。然而这一仗,曹操非但没有占便宜,反而自己被一箭射中人中,射掉了两颗门牙。曹操这时才有些懊悔,于是将杨修的尸体收回厚葬,并且下令收兵回京城。

佳节　语出——《九月九日忆山东兄弟》

 释义

"佳节",原指重阳节(农历九月九日),现在泛指一切美好而欢乐的节日。

 故事

农历九月初九是重阳节。这天秋高气爽,长安城里的人,提着放有重阳糕和菊花酒的食盒到郊外的山上去登高赏秋。一路上,欢声笑语,十分热闹。

可是在城里一家宅院里,一位少年却闷闷不乐地独坐书房,紧锁双眉,默默地沉思。

他就是后来成为唐代大诗人的王维。按照当时的习俗,官宦人家的子弟长大了就要到京城长安去读书、游历。今年他刚17岁,就单身一人从家乡蒲州来到长安,寄居在亲戚家。

王维毕竟年幼,免不了常常想家。今天逢到重阳,更是勾起了他的乡思。记得去年重阳节,全家一起登上郊外的北山,大家在山顶上席地而坐,吃重阳糕,饮菊花酒。妈妈还把喷香的茱萸(zhū yú)草一一插在孩子的头上,民间风俗说这样做可以避邪。那一天,他和几个兄弟在山上追逐奔跑,采摘野花,玩得多高兴啊!一眨眼,一年过去了,他却远离家人来到了长安。今天,全家人又都上北山登高去了吧?他是多么想念他们啊!想象得出,妈妈今年在山上给孩子们头上插茱萸的时候,会少了一个人。这时,大家一定是非常想念他吧!

王维没有心情跟别人一起去登高游玩,于是一个人在住所思念家人不已。在深深的思念之中,他写了一首题为《九月九日忆山东兄弟》的诗:

独在异乡为异客,
每逢佳节倍思亲。
遥知兄弟登高处,
遍插茱萸少一人。

这首诗一传出,长安城里的人争读称好。据说公主也很喜欢这首诗,她原先还以为是一首古人流传下来的诗呢!后来知道这诗竟是一位17岁的少年所作,公主更是赞赏不已,就特别向主考官推荐了王维。所以后来王维应考的时候,得了第一名。

 **狡猾** 语出——《聊斋志异》

 释义

"狡猾",亦作"狡滑",原指诡计多端,不可信任,但有时也可贬义词褒用,指调皮、善于随机应变。

 **故事**

有个卖肉的老头,白天在集市上卖肉。傍晚时分,老头挑着肉担子急急忙忙往家里走去,这时夜色已经朦胧,路上的行人已很少,没想到半路上遇到两只狼,这两个家伙紧紧地跟在老头身后,瞪着发光的眼,呲着牙,吐着舌头,眼看就要扑过来了。

老头担子上的肉早已卖完了,只剩下几根骨头。他怕狼追上来咬他,就扔了一根骨头给狼。谁知道骨头被前边的那只狼抢了过去,叼到一边去啃,后边那只狼还是追着老头不放松,老头只好又扔下一根骨头,后边那只狼叼着骨头啃去了,可前边那只吃完骨头又追来了。就这样,一会儿工夫,骨头全扔完了,狼还是不走。

老头急得全身都冒汗了,真怕两只狼一前一后攻过来,他就跑不掉了。正好,野地里有一个大麦秸垛,老头赶紧来到麦垛前,放下挑子,抽出割肉的尖刀,靠着麦垛坐下来比画着,狼怕扑过来会挨上一刀,就远远地坐在那儿守着,老头和狼互相害怕,谁也不敢动地方。

过了一会儿,一只狼无精打采地走了,另一只狼好像困了,闭着眼趴在那里打盹。

老头举着刀对准狼猛劈下来,打盹的狼冷不防挨了这一刀,立刻断了

气。老头收拾起东西准备回家,他转到麦秸垛后边一看,原来那只走了的狼正钻到垛里往外扒草,已经扒开一个大洞,身子进去了一大半,光是露着个狼屁股和尾巴在外边。老头连忙举刀,对准狼屁股砍了下去,这只狼也死掉了。

老头这才明白,那只装睡的狼,是想麻痹人的警惕性;另一只狼是想从后边掏通麦垛,钻过来吃人。这两只恶狼真够狡猾的了。

佼佼者

语出——《后汉书·刘盆子传》

释义

"佼佼者",称赞才能出众的人。

故事

东汉初,光武帝刘秀打败了赤眉军,赤眉军首领樊崇被迫投降。投降前,他先派刘恭打探刘秀的口气,说:"樊崇和刘盆子(赤眉军立的傀儡皇帝)率领近百万大军投降,陛下将如何处置呢?"刘秀说:"我会让他们活下来。"

樊崇得知不会杀头,就率领刘盆子和丞相徐宣等三十多人前来投降。刘秀受降后,把缴来的兵器衣甲堆积在宜阳城的西面,其高度差不多有熊耳山那么高。刘秀又叫大伙准备饭菜。樊崇的降军早就饿得不行了,见赏给饭菜,都高兴起来。

第二天,刘秀把自己的军队列成整齐的阵式,叫樊崇等投降的人观看。刘秀向刘盆子说:"你面对如此强大的军队,难道还不死吗?"刘盆子低下头,乞求地说:"我冒犯陛下,罪该斩首。希望能赦免我这一回。"刘秀笑了起来,说:"我这个儿子很狡猾,看来姓刘的人都不傻!"又转过头去对樊崇说:"你投降后,后不后悔呢?如果后悔,我把投降的士兵、兵甲等都还给你,再鸣鼓进攻,大家决一雌雄。我不想强迫你投降。"徐宣赶紧站出来说:"我们离开长安城时,就商量好投降。今日来,好比离开虎口到慈母的怀抱,没有什么遗憾的。"刘秀见徐宣这样说,得意起来,并对徐宣说:"你算是铁中的钢,铮铮有声,与一般人比较,你还是较有才能的。"

于是,刘秀命樊崇他们各自携带妻子儿女居住洛阳,每人给一所住房,田两顷。

 语出——《晋书·谢安传》

"矫情",形容强词夺理,不讲道理。也指故意违反常情,以示与众不同。

 **故事**

东晋时,前秦苻坚百万大军南下。东晋宰相谢安派儿子谢玄率军与苻坚战于淝水,这就是历史上有名的淝水之战。这次战役是关系到东晋生死存亡的一战,双方力量对比又非常悬殊,东晋只有十万兵力,因此,东晋军队的胜败,领兵大将谢玄的生死都牵动着谢安的心。

一天,谢安正在与客人下棋,忽然前方传来捷报,谢玄在淝水大胜苻坚。谢安看罢战报,便随手把战报扔在床上,脸上一点儿欣喜的表情都没有,仍旧与客人继续下棋。客人问他刚才看的是什么东西,谢安慢慢地回答说:"我儿子他们已经杀败敌兵了。"

下完棋,谢安回到自己的房间。过门坎时,由于心里太高兴了,不小心把木屐的齿折断了。

后人评论这件事时说谢安"矫情镇定如此"。大意是说,谢安故意克制自己的情感以显示镇定的风度。"矫情"这个词语也由此产生。

 语出——《三国演义》第十九回

"阶下囚",旧指在公堂台阶下受审的囚犯,现泛指在押的人或俘虏。

 故事

吕布是汉末"群雄"之一,五原郡九原县(今内蒙古包头西北)人,字奉先,善弓马,当时号称"飞将"。开始时,依附并州(今山西大部和内蒙古、河北的一部分)刺史丁原(字建阳),认丁为义父。后来吕布把丁原杀死,投奔起兵废少帝、立献帝、专断朝政的大军阀董卓,接着又认董卓为义父。之后吕布又与司徒王允合谋,杀死了董卓。在这以后,吕布势力日益增大,割据徐州(今山东南部,江苏北部),成为曹操的心腹之患。于是曹操发兵攻打吕布,吕布从徐州败退下邳(今江苏睢宁西北)。这时,刘备因势力单薄,投在曹操麾下。吕布作战虽然勇猛,但不善于用将,被部下生擒送到曹操处。这时候,吕布告诉刘备说:"你是座上客,我吕布阶下囚,你为什么一言不发在我危难时救我呢?"这时候,刘备点了一下头,等到曹操上楼来时,吕布大声叫道:"曹公的心腹之患,主要是我吕布。今天我吕布已心悦诚服了。曹公是天下的大将,我吕布是大将的助手,这样天下有我们在,局面就不难平定了。"曹操回头对刘备说:"你看怎么样?"刘备立即回答说:"你不见丁建阳,董卓被杀的事件吗?"此刻,吕布愤恨地看着刘备说:"你这个人最不讲信用!"曹操听后,觉得刘备的话很有道理,为了清除心腹之患,立刻命刀斧手牵吕布下楼处死。

借东风

语出——《三国演义》第四十九回

"借东风",比喻遇到关键问题时,借他人高超方法得以圆满解决。

公元208年,曹操的二十余万大军与孙权、刘备的五万联军在赤壁进行了一场历史上著名的"赤壁之战"。当时面对强敌,刘备军师诸葛亮与东吴大都督周瑜毫不畏惧。他们决定利用曹军远来疲惫、水土不服、疾病流行、不熟悉水战等弱点,采用火攻曹军连环战船,然后水陆齐头并进的战略战术。

但是,当火攻的准备工作全部完成后,周瑜突然想到一个关键问题:当时正值冬季刮西北风,而火攻却需要东南风。周瑜急得生了病,但他不愿告诉诸葛亮,推说是气血不顺。精明过人的诸葛亮看出了周瑜的心病,笑着对他说:"我有一个药方,能让你康复。"说罢他要来纸笔,写下16个字递给周瑜,说:"这就是你的病源所在。"周瑜一看,纸条上写的是"欲破曹公,宜用火攻,万事俱备,只欠东风。"周瑜心中叹服:"诸葛亮名不虚传,真是神人呀!"于是,他说出了自己的顾虑,诚恳地请教诸葛亮。诸葛亮通晓"冬至一阳生"的节气知识,预测此时阳气初动,会刮起东南风来,但他却哄骗周瑜,说他有借风的法术,叫人搭起法坛,故弄玄虚,祭天借风。后来果然刮起东南风来,看上去是借来的风,实际上是诸葛亮对自然规律的掌握所致。

借鉴

语出——《新唐书·魏征传》

"借鉴",原指借用镜子观察。现在泛指跟别的人或事相对照,以便取长补短或吸取教训。

在唐朝,魏征在任谏议大夫期间,向唐太宗提了许多有益的建议,而且多被采纳。唐太宗非常乐于在各个问题上征求魏征的意见,甚至如何做皇帝,也要向他请教。有一次,唐太宗问魏征:"当国君怎样才能做到明智,如何又会昏暗呢?"魏征说:"处理事情,若能多多听取各方面的意见,就是贤明的君主;如果偏听偏信,就会昏暗。"他的话使唐太宗很受启发。

魏征死后,唐太宗感到非常惋惜。他一次上朝时对群臣叹道:"用铜做的镜子,可以帮我端正衣冠;用历史做一面镜子,可以让我吸取前人的经验教训;用魏征做镜子,可以让我了解事情的是非得失。我借这三面镜子,就可以不犯错误。但现在魏征死了,镜子就少了一面了。"

唐太宗还告诫公卿们:"天下之事,有善有恶。任用善人,国家就安定了;任用恶人,就是国家的弊端。今后在任用人才时,千万不要凭个人的爱憎感情。我如果犯了过错,你们一定要像魏征那样,敢于直言劝谏啊!"

巾帼

语出——《晋书·宣帝纪》

 释义

"巾帼,"本指古代妇女的头巾和发饰等物,现作为妇女的代称。

 **故事**

三国时,蜀国丞相诸葛亮率大军翻山越岭,远道攻打魏国,与魏国大将军司马懿(yì)相拒于渭南,司马懿知道诸葛亮远道进兵,诸多不便,必然急着作战求胜。于是,他坚守营中,不出去与诸葛亮的军队交战。心想这样日久,对方的军队定会被拖垮,他们就会不战自败。

诸葛亮多次挑战,司马懿却稳如泰山,不予应战。诸葛亮便使出了一个激将法,派人给司马懿送去"巾帼妇人之饰",即妇女戴的头巾和发饰。意在讽刺司马懿不敢出来应战,胆小怕事,不像个男子汉大丈夫。

这一招果然灵验。收到诸葛亮送来的妇女头饰,司马懿被激怒了。他上表向魏帝请求出战,但魏帝不同意。为怕司马懿受不住对方挑衅而自行出兵,魏帝还派了一个叫辛毗(pí)的臣子手持代表皇帝的杖节去司马懿军中。此人名义上是军师,实际是要控制司马懿。

后来,诸葛亮又多次到阵前挑战,司马懿实在受不了他们的叫骂嘲讽,要领兵出阵,与之决一雌雄。但是,辛毗却手持杖节立于军门,不许他出去。司马懿无法,只好自甘罢休。

金莲　语出——《南史·废帝东昏侯本纪》

"金莲",旧时指缠足妇女的脚。

南朝时,南齐废帝萧宝卷有个姓潘的妃子。潘妃是妓女出身,长得妖艳无比,貌若天仙。当时,萧宝卷只有17岁,刚继位不久,一夜欢会,使他神魂颠倒,不久便把潘妃封为贵妃。

萧宝卷生性奢侈,潘妃也是一个穷奢极欲之人。萧宝卷宠爱潘妃,不管潘妃提出什么要求,他都尽量设法满足她。有时甚至为了表示对她的恩宠,出游时让潘妃乘车走在前面,他骑马跟在后面。

公元500年8月,后宫不幸失火,烧毁了无数宫殿。萧宝卷不以为然,下令重建。同时,他为了讨得潘妃欢心,特地为潘妃造了神仙、玉寿、仙华等几座宫殿,装饰得穷奇极丽。甚至用金子凿成莲花的形状,贴满地面,让潘妃慢慢地一步一步走。潘妃的小脚不足三寸,走的时候,莲花随着潘妃的脚步熠熠生辉。萧宝卷在一边欣赏潘妃的美妙步姿,赞美说:"美极了!你每走一步,脚下都生出朵朵金莲!"

萧宝卷在位只有3年,公元501年,雍州刺史萧衍(灭齐后为梁武帝)在襄阳起兵,进攻都城建康。城中禁卫军对萧宝卷的所作所为十分不满,发动叛变,杀了萧宝卷,迎接萧衍入城。

萧衍入城后,认为潘妃是亡齐的祸水,下令将潘妃缢死。这个得宠于一时,步步生莲花的尤物,也终于落得一个可悲的下场。

紧箍咒　语出——《西游记》

释义

"紧箍咒",小说《西游记》中唐僧用来制服孙悟空的咒语,能使孙悟空头上的金箍紧缩,令其头痛欲裂。后用来比喻束缚人的东西。

故事

美猴王孙悟空,因自称"齐天大圣",大闹天宫等叛逆行为,被佛祖如来压在五行山下,受了500年的煎熬。唐僧到西天取经,路过五行山的时候,揭去了山顶上的金字压帖,把孙悟空释放了,命名为孙行者。于是悟空成了唐僧的第一个徒弟。

孙悟空法力高强,但是十分任性,不服管教。在唐僧收他为徒的第二天,在路上遇到6个拦路抢劫的蟊贼,悟空把他们通通打死。唐僧责备了悟空几句,悟空火了,说一声"老孙去也",便纵身一跳,飞出十万八千里,无影无踪了。观音菩萨知道后,就给唐僧送来两件衣帽,并传授给他"紧箍咒",以便制服孙悟空。

孙悟空经龙王和南海菩萨的规劝,回到唐僧身边。当他发现新衣新帽的时候,便欢天喜地穿戴起来,这时唐僧念起"紧箍咒",那帽子就紧紧地勒在悟空脑袋上,像生了根似的取不下,揪不断,痛得他满地打滚。孙悟空只得跪地哀求,从那以后他就死心塌地保护唐僧前往西天去取经。

锦囊 语出——《三国演义》

释义

"锦囊",旧时封藏机密文件或诗稿的织锦口袋,现在比喻能及时解决紧急问题的办法。

故事

三国时期,东吴周瑜为夺回荆州,与孙权商议,设计假说要把孙权的妹妹嫁给刘备,请刘备到东吴来完婚,等刘备到了南徐,便把他投入狱中,作为人质,以换取荆州。于是孙权派人到荆州去提亲。

刘备听说东吴要招他做女婿,心中狐疑不决。诸葛亮却叫他放心前去,并把赵云叫到跟前,低声说:"你保主公进入东吴,我给你三个锦囊(用锦做成的袋子),囊中有三条妙计,你要按照次序执行。"随即将三个锦囊叫赵云贴身收藏。

刘备、赵云等带了五百多人乘船前往南徐。船一靠岸,赵云拆开第一个锦囊,看了以后,便叫五百兵士披红挂彩,到南徐买东西,到处张扬刘备到东吴做女婿,弄得全城皆知,同时又教刘备去拜访乔国老。这乔国老是孙权哥哥孙策和周瑜的岳丈,得此消息,兴冲冲地到孙权母亲吴国太处贺喜。吴国太大吃一惊,把孙权叫来询问。孙权只好说这是周瑜的计策。吴国太大骂周瑜。经乔国老劝解,吴国太决定在甘露寺约见刘备,中意的话便把女儿嫁给他,不中意的话则听凭孙权、周瑜处置。第二天,吴国太见了刘备,十分喜欢,便让他与女儿完婚。

周瑜得知弄假成真,又惊又恼。他写信给孙权,要孙权为刘备广筑宫室,多送美女和可供玩乐的东西,将刘备软禁在东吴。孙权依计行事。刘备果然被声色所迷,不想回荆州了。

到了年底,赵云忽然想起诸葛亮给他三个锦囊时,吩咐到南徐开第一个,到年底开第二个,到危急无路之时开第三个。赵云急忙打开第二个锦囊,看过之后便慌里慌张地去见刘备,说曹操要报赤壁之仇,率领五十万精兵,杀奔荆州。催刘备快回去。刘备大惊,进内室后,孙夫人问明情况,表示愿跟刘备一起回荆州。于是夫妻俩骗吴国太说要到江边祭祀刘备父亲,往荆州进发。

孙权得知刘备逃走,急忙派人追赶。周瑜为防止刘备逃走,也早已派人在要道安营扎寨。刘备惊慌不已,赵云打开第三个锦囊,给刘备看了,刘备忙去求孙夫人出面。东吴将领不敢得罪孙夫人,只好放他们走了。

惊鸿　　语出——《洛神赋》

"惊鸿"比喻女子体态轻盈。也借代美女。

几千年来,关于洛水有一个美丽的神话,说洛水之神是一位青年女郎。她的名字叫宓妃,是上古时传说中的伏羲氏的爱女。她在经过洛水时,风急浪涌,不幸落水身亡,就被天帝封为洛神。

据说,洛神每隔几年显灵一次,能够有幸看到她的,都是著名的文人学士——也许这种人最具有丰富的想象吧。屈原、宋云的诗赋中,都提到过这位美丽的女神。

到了三国时期,魏王曹操的第三子曹植,是个著名的才子。有人说,天下的"才"一共有一石,而曹植独占八斗,可见他才气有多大。

曹植的哥哥曹丕做了魏朝的第一代皇帝,曹植被封在鄄(juàn)城为鄄城王。有一年,经过洛水时,他写了一篇《洛神赋》。

赋中说他在太阳西斜的时候,车马困倦,在洛水边上休息。玩赏了一阵山川胜景,觉得精神很疲劳。低头休息了一会儿,抬起头来,忽然看到一个美丽的女子站在岩石旁边。他忙招呼驾车的人问:"喂?你看见一个女子吗?她是谁呀?怎么这样艳丽啊?"驾车的人仔细看了半天,回答道:"小臣看不到什么人啊!不过,一向听说洛水有个女神名叫宓妃,大王看到的大概是她。她的模样是怎样的?"

于是,曹植就在赋中具体描写一个美貌女子的形象。说远看像太阳升起时明丽的朝霞,近看像刚从绿波中出水的荷花,胖瘦适中,高矮合度,等等,总之是集中使用了描写美丽女子的很多优美词语。可是,洛神既然是神话中的人物,曹植的描写也就只能出于他丰富瑰丽的想象。

但是,赋中有几句描写洛神在曹植眼前出现的神情的,却写得新鲜、活泼,在很长时间内为人们所乐于引用,那就是"翩若惊鸿,婉若游龙,荣曜秋菊,华茂春松"。意思是说,翩然出现像受了惊、匆匆飞来的鸿鸟,婉转而行像在空中缓缓翻腾的天龙,光彩照人像秋天盛开的菊花,风度爽朗像春天挺立的青松。直到现在,人们常用"荣曜秋菊,华茂春松"来形容俊爽开朗的精神面貌,而"翩若惊鸿,婉若游龙"的含义却被后人扩充了,以此来描绘某种活泼、矫健的动态美,对象不止是指女子了。

井蛙

语出——《庄子·秋水》

"井蛙",即井底之蛙,比喻眼界狭小,见识短浅,或是把视野仅局限于某一处的人。

一天,东海的一只大鳖来访问一只在井底的青蛙。

井蛙说:"我住在这儿太快乐了!我独占这口井,高兴时跳上井壁玩玩,疲倦时可以躺在井底休息。井水漫过我的脚背,轻轻地把我托起,像在软绵绵的沙滩上漫步,又像在暖洋洋的温泉中轻荡。我真幸福到了极点。周围的小虫儿、小蟹,哪个比得上我。你怎不到我井里参观参观?"

东海大鳖听了,想到井里去看看,可刚刚把左脚伸进井里,右脚已被井台拌住了。于是犹豫起来,不得不退回去。

井蛙问:"你怎么不进来呀?"

大鳖答道:"你这井太小了。"

井蛙诧异地问:"难道你住的地方比我这儿大吗?"

"我住在东海,比这儿大多了。"

"东海有多大?"

"东海之广,即使用千里之遥来形容也不够,东海之深,即使用万丈之深来形容也不多。9年洪水,东海也不会因此增加一点儿;10年大旱,东海也不会因此减少一点儿。住在无边无际的东海里,才是最大的快乐呢!"

井蛙听了这番话,惊得说不出话来。

楷模

语出——《旧唐书·李靖传》

释义

"楷模",指模范、典范。

唐朝初年的时候,有个著名的将军叫李靖。年轻的时候,他就好读兵书,对吴起、孙武的兵法非常熟悉。他的舅舅也是一位著名的将领,人称"韩擒虎"。他对李靖很赏识,常对别人说:"能够谈论吴子、孙子兵法的人,只有我的外甥李靖啊!"

唐高祖李渊起兵打天下时,李靖南征北战,立下了无数的功劳。唐太宗李世民即位后,有一次突厥军入侵,李靖只率领3000名轻骑兵,很快就击败了气势汹汹的叛军。唐太宗因此对他十分器重,封他为兵部尚书。以后李靖又多次为朝廷立功,官位升至尚书右仆射。

李靖是一个明智的人,他觉得自己在朝廷任职多年,功劳不小,应该及时退下来,解甲归田,才能免生祸患。于是,他便趁唐太宗派他去访察民情的机会,写了一份奏章给皇帝,奏章中说:我的脚有了毛病,行动不如以前方便了,请求退休回家。

这封信语气非常恳切,唐太宗读了很感动。虽然他明知李靖是在找借口辞官,内心深处也不愿李靖离开,但他还是答应了李靖的要求,并且派中书侍郎岑文本去传达他的旨意,说:"依我看,自古以来身居富贵之中而能知足的人甚少。有些人本没有什么才能,却强索官职;即使有了病,不能胜任了,还硬是逞强,不肯离位。所以,像你这样的有功之臣,不仅不

居功自傲,反而能识大体,主动要求解甲归田,实在是难能可贵。我同意你的请求,并不单单是为了成全你的心愿,而是想把你树立为一代楷模呀!"

李靖退休后,皇帝对他特别优待,送了他良马两匹,绸缎千匹,还为他制作了一根寿杖,以方便他走路。

苦肉计　语出——《三国演义》

释义

"苦肉计",指故意伤害自己,去骗取对方信任的计谋。

故事

汉朝建安十三年(公元 408 年),曹操率大军南下,刘备和孙权结成抗曹联盟。曹军与孙刘联军在长江中游的赤壁隔江对峙。

东吴将领周瑜计划用火攻来击败曹操军队。他的第一个行动就是用"苦肉计",派老将黄盖去诈降曹操。

一天,周瑜在军帐下召集诸将开会。周瑜说:"曹操百万大军,非一日可破。令诸将各领 3 个月粮草,准备御敌。"黄盖插话说:"莫说 3 个月,便支 30 个月粮草,也不济事!若是这个月能破,便破;否则放下武器投降曹操好了!"

周瑜大怒，骂道："今两军相敌之时，你敢出此言，扰乱军心！"命令左右把黄盖推出斩首。诸将苦苦求情，周瑜才改为50脊杖，把黄盖打得皮开肉绽，昏厥数次。然后，由东吴参谋阚泽潜往曹营，见了曹操，递上黄盖的信。

这时，曹操派往孙刘联军的间谍报告了黄盖受刑的消息，这时曹操才相信了。赤壁之战打响时，黄盖诈称晚间乘粮船来降。当接近曹操军营时，黄盖放火箭烧船，大败曹军。"苦肉计"终于成功了。

脍炙　语出——《孟子·尽心下》

 释义

"脍炙"，原意是切成细块的、烤熟的肉。味道鲜美，使人爱吃。比喻好的诗文或事物为人们共同喜爱和称颂。

 故事

曾参（shēn）和他的父亲曾皙，同是孔子的弟子。曾皙爱吃羊枣，曾参是个孝子，父亲死后，竟不忍吃羊枣。这件事情，当时讲究"孝道"的儒家曾经大大传颂。

到战国时代，孟子的弟子公孙丑，就这件事情，向孟子提出了一个问题。

　　公孙丑问:"老师,脍炙和羊枣哪一种好吃?"孟子说:"当然是脍炙好吃,没有哪个不爱吃脍炙的!"公孙丑说:"那么曾参和他父亲曾皙也一定都爱吃脍炙了?为什么曾参这位孝子偏又不吃羊枣呢?"

　　孟子答道:"脍炙,所同也;羊枣,所独也。"——脍炙,人所同嗜,是大家都爱吃的;羊枣,却是曾皙的特殊嗜好。所以曾参吃脍炙而不吃羊枣。

　　孟子的一席话,使公孙丑明白了其中的道理。后来人们从孟子所说的"脍炙"里引申出了"脍炙人口"这个成语。

狼狈　语出——《酉阳杂俎》

释义

"狼狈",形容困苦或受窘的样子,或比喻坏人相互勾结干坏事。

故事

传说从前山中住着许多狼,它们常常成群结队出来袭击过往的行人和飞禽走兽,然后,把吃剩的猎物拖进山洞。

山里除了凶残的狼以外,还住着狡猾的狈。狈的模样跟狼很相似,只是一对前腿太短,没法单独行动,它便把双腿搭在狼的背上,用后腿着地,依靠狼一起行走,那模样就像狼在背着狈,狈当然不会白让狼出力,它常常帮助狼伤害人畜,合伙干坏事。

有一天,一个商人走过山林,他跋山涉水了一天,又困又累,坐在树阴下没一会儿就打起盹来。一阵凄厉的号叫声把他惊醒。他睁眼看去,发现一群狼,正张着血盆大口一步步向他逼近。一阵风刮过,传来一股腥膻气。商人拔腿就跑,见路口有一个草垛,便噌噌几下爬上垛顶,黑压压的狼群立刻从四面包抄上来,一面围着草垛转,一面发出令人心惊胆战的嗥声。商人站在垛顶上双腿索索发颤。他已无路可退,要与狼拼个你死我活。他压根儿不是狼的对手。狼伸出红红的舌头死死盯着面前的猎物,却因一时无从下口而发出凶恶的号叫。

天色渐渐灰暗,两只带头狼掉转头走了,商人轻轻吁了一口气,他寻思狼群也会跟着撒的。一会儿,那两条狼又从洞口跑出来,而且,背上又背了两只狈,一前一后朝他走近。那狈随着狼,在草垛四周走了一圈。随即一探头,把露在草垛外的一捆草像鸡啄米似的一口叼了出来。立刻,狼群拥上来,跟着一口口把草捆叼出来。草垛像被拆掉墙脚一般,眼看要倾覆,商人要送命。商人趴在垛顶上拼命求救,叫声惊动了周围的几位猎户,他们闻声赶来才把狼狈吓跑。

猎人一鼓作气,捣毁了狼洞和狈穴,捕杀了一百多条狼和几十只狈,为百姓除了害。

狼藉　语出——《史记》

"狼藉",据民间传说,狼爱趴在草上睡觉,当它睡醒离去时,就把草扒乱以消灭痕迹,而"藉"就是坐在或者趴在上面的意思,因此把乱七八糟的样子叫做"狼藉"。后来引申为破败不可收拾之意。

春秋时期,齐国有一位知识丰富,善于辞令的谋士叫淳于髡(kūn)。他曾多次被齐王派到别国处理外交,总是能够圆满地完成任务。

有一次,楚国向齐国大肆进攻,齐国形势危急,齐王派淳于髡去找赵国求救。通过淳于髡的努力,赵国答应派精兵十万,战车千辆,与齐国结盟,共同对付楚国。齐国借此成功地吓退了楚国。

齐王对此非常高兴,在宫中设盛宴为淳于髡庆功。席间,齐王亲自为淳于髡敬酒,并热情地问道:"爱卿,你的酒量如何呢?能饮几何而醉?"淳于髡微笑着回答说:"臣饮一斗而醉,一石亦醉。"

齐王一听,不禁哈哈大笑起来,接着问道:"既然一斗即醉,爱卿怎能再饮一石呢?"

淳于髡也笑了起来,他从容地回答说:"依旧要看情况,若大王赐酒,执法官在旁,纠察御史在后,臣心情紧张,饮上一斗就醉了。若是朋友交游,久不相见,突然聚会,想起往日的友情,无比激动,这时喝上五六斗才可能醉哩!若是回到故乡,乡亲相聚,男女杂坐,毫无拘束,尽情而饮,这种情况下,喝上七八斗也可能呀!到了日暮之后,主人送客,特意留下几个知己,狂欢狂饮,甚至闹得你穿错我的鞋,我穿错你的鞋,杯盘狼藉,杂乱不堪,高兴得无法形容,这时真是酒逢知己千杯少啊,那我饮上一石才醉哩!"

淳于髡说完,大家都笑了起来,齐王边笑边点头,觉得他说得很有趣。

待大家笑完之后,淳于髡严肃起来,他极为庄重地对大家说:"喝酒应该注意适量,常有这样的说法,酒喝得太多了,就会误事;快乐到极点了,就会产生悲哀。一切事情都这样啊!"说罢,他深情地注视着齐王。

齐王会意了,他领会到淳于髡是在暗示自己、劝解自己啊!因为齐王很爱饮酒,而且一饮酒就通宵达旦。齐王听取了淳于髡委婉的劝告,从此停止了长夜之饮。

老头子 语出——《清朝野史大观》

释义

"老头子",原来是对老年人轻慢的称呼,后来转化为对老年人尊敬的称呼。

故事

清朝乾隆年间,乾隆帝修《四库全书》,命纪昀为四库全书馆总纂官。

盛夏的一天,纪昀因身体肥胖,特别怕热,工作时往往顾不得许多礼仪,便索性盘起发辫,脱掉上衣,袒胸露背边挥扇边校阅书稿。

正巧,这时乾隆帝踱步走进馆来查看,纪昀来不及穿衣,便慌张地钻入案下,躲藏起来。谁知乾隆帝早把这一切都看在眼里了,传旨馆中人员照常办事,自己悄悄坐到了纪昀的座位上,存心捉弄捉弄这个才子。

过了一会儿,纪昀不见动静,以为乾隆帝已经离去,便探出头问:"老头子走了吗?"话音刚落,一眼瞧见乾隆帝就端坐在他的座位上!这句话恰好被乾隆帝听见了。乾隆气得满脸通红,怒问纪昀:"你好大胆子,竟敢称朕老头子!你为什么这样叫,快给朕说清。说得清,饶恕你,说不清,杀无赦!"在场的人都为纪昀捏一把汗。谁知他却从容地答道:"万寿无疆之谓老,顶天立地之谓头,父母天地又谓天之子,简称为'老头子'。"乾隆帝听了他的解释,转怒为喜,说:"好吧,好吧!亏你说得有理有趣,朕就原谅你了。"

因为纪昀急中生智作出的解释使乾隆很满意,后来反而更受宠信了。

从此,"老头子"这个称谓便流传开来。不仅臣呼君、幼呼长、妻呼夫,就连下属对上司,也都以"老头子"相称了。

雷池　语出——《报温峤书》

"雷池",比喻不可逾越的界线。

雷池是地名,又叫雷港,在安徽省望江县东十公里处,是古代的军事重地。"雷池"一名最早见于三国,因古雷水(后改名杨溪河)自湖北黄梅县界东流至此积水成池而得名。雷池地滨长江、控九江至安庆、南京的江水通道,扼蕲、黄、太、宿内河的咽喉,自然成了历代的江防要地。

晋成帝咸和二年,历阳(今安徽和县)守将苏峻联合寿阳(今安徽寿县)守将祖约叛乱,向京都建康(今江苏南京)进攻。江州都督温峤得知这一消息后,不等军令下来,就自行决定率兵东进去护卫京城。护军将军庾亮知道后,分析了当时的形势,权衡利弊,认为此举对西部边陲的防务安全不利。于是,立即给温峤写了封信,叫他不要草率行事,急于东进。信中说:"吾忧西陲过于历阳,足下无过雷池一步也。"让温峤原地坐镇,不要越雷池而东。

连理枝　语出——《太平广记》

释义

原指两棵树的根和枝条连接在一起,比喻恩爱的夫妻,也可用来比喻兄弟。

故事

传说东吴孙权时,吴郡海盐有一对夫妻,丈夫叫陆东美,长得一表人才,举止文雅;妻子叫朱氏,生得花容月貌,艳丽照人。夫妻俩结婚多年,互敬互爱。更令人称道的是,夫妻无论去何处,总是相依相伴,寸步不离。一道行走时,彼此肩并肩,显得十分恩爱。

有一次,夫妻俩在一起闲谈,妻子说:"将来有一天,如果谁先离开人世,那活着的另一半该有多么悲伤啊!"丈夫说:"你说得不错,我也曾想到,只是不好说出口罢了!现在,我俩像鸟儿一样在天空中比翼齐飞,但以后呢……"说到这里,夫妻俩真心感到,在来时不多的日子里,更要相亲相爱。

后来,妻子朱氏不幸先离开了人世,丈夫陆东美悲痛万分。他不忍心妻子一人在黄泉下忍受寂寞和孤单,也绝食身亡了。家里的人同情他们不能白头偕老,就将二人合葬在一起。

不到一年,他们的坟上长出了一棵树。说来奇怪,这树的树根是一枝,树干却分出两枝。长大后,树枝又紧紧地缠成一棵树。更奇怪的是,树上常有一对大雁,双栖双宿,交颈相摩,无比恩爱。人们指着说,这是那对夫妻的灵魂化成的。

孙权听说了此事,就把这一带地方命名为"比肩",坟墓命名为"双梓"。后来,他们的儿子陆弘和妻子张氏也十分相爱,人们就把他俩叫做"小比肩"。

露马脚　　语出——民间传说

"露马脚",比喻隐蔽的事实真相泄露出来。

朱元璋年幼时家境非常贫寒。为了糊口,不仅给财主放过牛羊,还在庙里当过和尚。后来,他加入了元朝末年农民起义军,郭子兴很赏识他,于是将义女马氏嫁给他。马氏也是一个才女,精明干练,辅佐朱元璋实现了统一大业。朱元璋当上了皇帝,建立起明朝后,封马氏为皇后。

马皇后长得虽不十分漂亮,却也温柔端庄,举止大方。美中不足的是,她长了一双没有被缠过的"天足"。在以小脚为美的时代,女人的脚大是一个缺陷。马氏当了皇后以后,越发为自己的一双大脚感到不安了。因而,在大庭广众之下,总是遮遮掩掩,尽量避免脚露出裙外。

有一天,马皇后游兴大发,乘轿招摇过市,浏览古都风光。百姓见皇后的舆轿过市,都翘首张望,想瞻仰一下皇后的风采。不料,一阵大风吹过,轿帘被掀起一角,马皇后一双大脚赫然展现在百姓眼前。人们惊讶不已,没想到当今皇后竟有这么一双大脚!人们争相传言,全城立即轰动了。"露马脚"这一词语也就这么传开了。

碌碌

语出——《世说新语·识鉴》

"碌碌",形容一个人平庸,没有特殊能力,有时也指没有作为。

故事

晋代有三兄弟,名叫周颐(yí)、周嵩、周璞,他们的母亲是位慈爱贤惠的妇女。周母在动乱中失去了丈夫,独自带着3个儿子从北方逃往南方,又把他们抚养成人。3个儿子长大后,深知母亲对他们恩重如山,对母亲也极为孝敬。

有一年冬至,周母备了一桌子家宴,全家人高高兴兴地围在一起过节。席间,周母给大家各倒了一杯酒,然后端起酒杯感慨地对儿子们说:"我的前半生备尝艰辛,如今你们终于长大成人了。看见你们围绕在我身旁,心里有说不出的欣慰。想来我的后半生不会无靠了。"说完,便让大家饮尽杯中之酒。

这时,老二周嵩放下酒杯站起来,对着母亲双膝跪下哭了起来。周母很吃惊,问他怎么了。他说:"母亲刚才说下半生要靠我们三人,但我与伯仁(指其兄周颐)都有性格方面的毛病,生性好强,为人锋芒毕露,恐怕今后难以自保。唯有弟弟阿奴(指其弟周璞)为人平庸,一个庸庸碌碌的人是不会招致祸患的。因此,也许只有碌碌无为的阿奴可以奉养母亲天年。"

后来,周颐和周嵩都被王敦杀害。他们死后,奉养母亲的责任果然就落到了小名阿奴的周璞身上。

马虎　语出——民间传说

"马虎",亦作"马糊",形容办事粗心大意,草率从事,不认真负责。

宋代时,京城有一个画家,作画往往随心所欲,令人搞不清他画的究竟是什么。

一次,他刚画好一个虎头,碰上有人来请他画马,他就随手在虎头后画上了马的身子。来人问他画的是马还是虎,他答:"马马虎虎!"来人不要,他便将画挂在厅堂。大儿子见了便问他画的是什么,他说是虎,小儿子问他却说是马。

不久,大儿子外出打猎时,把人家的马当老虎射死了,画家不得不给马主赔钱。他的小儿子外出碰上老虎,却以为是马,试图骑上去,结果被老虎活活咬死了。画家悲痛万分,把画烧了,还写了一首诗自责:"马虎图,马虎图,似马又似虎,长子依图射死马,次子依图喂了虎。草堂焚毁马虎图,奉劝诸君莫学吾。"

从此,"马虎"一词就流传开了。

矛盾 语出——《韩非子》

 释义

"矛盾"本来是古代的两种武器,后来比喻言语或行为自相抵触的现象。

 **故事**

韩非子在驳斥孔子颂扬舜的言论时讲了矛盾的故事。孔子认为舜亲自去解决农民和渔民的纠纷,亲自去解决陶者制造的器皿的质量,是"仁"的表现,赞颂这是"圣人之德化"。韩非子则认为在舜做这些好事的时候,尧正是天子,"圣人明察在上位,将使天下无奸也。令耕渔不争,陶器不窳(yǔ)坏,舜又何德而化?"所以,儒家赞颂舜,必然要否定尧的"明察";如果反过来颂扬尧,则必然要否定舜的"德化","不可两得也"。接着,韩非子讲了这个著名的寓言故事:

有个在集市上卖矛和盾的人。他先夸他的盾如何坚固,说:"任何锋利的东西都刺不破它!"过了一会儿,他又夸他的矛,说:"我这矛是最锋利的,没有它刺不破的东西!"这时,有个人紧接着问他道:"那么,请用你的矛,刺你的盾,怎么样?"这一问,问得那人哑口无言。

茅塞

语出——《孟子·尽心下》

释义

"茅塞",原意指茅草堵塞了道路,比喻人的思路闭塞或者愚昧无知。

故事

孟子是儒家的一位重要代表人物,孔子的思想经过孟子的继承和发展,成为统治中国两千多年的儒家思想,世称"孔孟之道"。

当年,在孟子的学生中,有一个名叫高子的人,他口口声声说要向孟子学习,但他学习儒家的学说却并不专心,总是三心二意,中途改学别的东西。他这种表现令孟子很不满。

一天,孟子严肃地教育他说:"山间的小路,人们经常走就渐渐变成了大路;可是如果不经常走,那么小路就会被茅草堵塞住。现在茅草正堵塞住了你的心!"高子听了,无言以对,惭愧地低下了头。

从此,"茅塞"这个词语便常被人们所运用。

模棱

语出——《旧唐书·苏味道传》

释义

"模棱",意思是遇事不置可否,采取不明确的含糊态度。成语有"模棱两可"。

唐朝的时候,有个士人叫苏味道。这个人的文才不错,在当时颇有点名气。他做了多年的官,甚至还做了几年大官。苏味道的名字能够流传下来,不在于这个人名字的稀奇,也不是由于他做官时有什么"德政",而是因为他有一个饶有风趣的绰号——"苏模棱"。

原来,苏味道为人处世本着这样一个信条,即"处事不欲决断明白,若有错误,必贻咎谴,但模棱以持两端可矣。"这就是说:处理一切事情都不要明白地决断,否则一旦有错误,就必会招致责备和处分,所以只要含含糊糊,不明确表态就可以了。

由于苏味道严守这一信条,对任何事情从来不做主,不负责,也从不得罪人,一味看上司和皇帝的脸色行事。因此,他虽然为官多年,但政绩平平,没有任何建树。

他在家里也是这样一个模棱两可的人。有一次,他的弟弟苏味玄请求他帮忙做一件事。苏味道还是拿出他那一套"看家本领"来对付,既不拒绝,又不答应。说了半天还是含含糊糊,没有一个肯定的答复。苏味玄再也忍耐不住了,就大声地斥责他。说也好笑,这位苏味道却神态自若,毫不恼怒,既不对弟弟分辩解释,也不责怪弟弟无礼,只是含含糊糊地不了了之。

苏味玄被他弄得哭笑不得,无可奈何地走了。

由于苏味道对任何事情都是这样含含糊糊,于是人们干脆把他的名字改为"苏模棱"了。

木鸡　　语出——《庄子·达生》

"木鸡",用木头雕成的鸡,原来是比喻达到最高修养境界的状态。现在一般用以形容因为恐惧或惊讶而发愣的样子。又说"呆若木鸡"。

纪渻子为齐王饲养斗鸡,养了才10天,齐王催问道:"训练成了吗?"纪渻子说:"还不行,它一看见别的鸡,或听到别的鸡一叫,就跃跃欲试,很不沉着。"

又过了10天,齐王又问道:"现在该行了吧?"纪渻子说:"不行,心神还相当活跃,火气还没有消除。"

又过了10天,齐王又问道:"怎么样?难道还是不成吗?"纪渻子说:"现在差不多了。骄气没有了,心神也安定了,即使别的鸡叫,它也没有听到似的,毫无反应,不论遇见什么突发情况,它都不动也不惊,看起来真像一只木鸡一样。这样的斗鸡,才算是养到家了。别的鸡一看见它,准会转身就逃,斗都不敢斗!"

果然,这只鸡后来每斗必胜。

牛刀 语出——《论语》

释义

"牛刀",常用作"割鸡焉用牛刀",意思是说宰鸡何必用杀牛的刀,比喻对某方面有能力的高手。

故事

武城,是春秋时期鲁国的一个小县城(在今山东费县附近)。当时在那儿做县令的子游,姓言,名偃,吴国人,是孔子的学生之一。

有一次,孔子来到武城,听得一阵阵弹琴唱歌和读书的声音,知道子游在这里兴办教育,便微笑着说:"割鸡焉用牛刀——治理这么个小小的县城,也用得着办教育吗?"

在当时,一个小县城里根本不可能有学校。孔子对于他的学生子游在这个小县办教育,认为小题大做,没有必要,所以说了"割鸡焉用牛刀"这么句话。可是子游却回答孔子道:"以前,我听得老师您说过,上等人物,受了我们的教育,就会有仁爱之心,能互相敬爱;一般平民,受了我们的教育,也会听从政令,指使起来容易得多。"孔子听了立刻向随行的另外三个学生说:"各位学生!偃的话是对的。刚才我所说的,不过是开玩笑罢了。"

呕心

语出——《新唐书·李贺传》

"呕心",常用作"呕心沥血",形容费尽心思,一般用来形容工作的艰辛。

唐代著名诗人李贺,是中国文学史上一位杰出的奇才,他虽然只活了27岁,但他留给后人的那些艺术高超、风格独特的诗篇却闪烁着永不磨灭的光彩。

李贺出生于皇家贵族,但到了他父亲一代,家境开始衰落,父亲李晋肃只是一个地方小官,又很早去世。李贺童年时代跟母亲过着十分清贫的生活。

李贺天资聪明,读书也很用功,据说他7岁时就能赋诗作文,到了10岁,他写文章的名声已在京城里扬传开了。当时的大文豪韩愈和皇甫湜(shī)听说了李贺的诗名,都不敢相信。他们俩饶有兴趣地来到李贺家中一探究竟,并当场出题目,让李贺作诗。李贺见了这两位慕名已久的大文学家并不慌张。他想了一想,就按题目随手写了一首,韩愈和皇甫湜拿过来一读,连称好诗。他们又出了几个题目让李贺写,谁知一首比一首精彩。两人不禁同声说道:"真是奇才!"

李贺之所以诗艺出众,除了他的天赋之外,还因为他写作刻苦勤奋。他作诗前,总喜欢骑上一匹小马,带着一名书童,在山路上行走,边走边推敲作品。一旦想出了好的诗句,马上掏出随身带着的纸和笔记下来。为

了写诗,他常常清晨出门,傍晚归家。他母亲每当看见儿子神采奕奕地回来,便知道他创作大有收获。当她看见儿子为写诗弄得面容憔悴的样子时,心疼地说:"儿啊,难道你真要呕心沥血才罢休吗?"

的确,在李贺短暂的一生中,他把自己的全部精力都投入到诗歌创作中去了。他留传下来的名篇,如《李凭箜篌(kōng hóu)引》、《雁门太守行》等都是唐诗宝库中的瑰丽明珠,永远闪烁着迷人的异彩,也是诗人呕心沥血的结晶。

鹏程　语出——《庄子·逍遥游》

 释义

"鹏程",原意是大鹏鸟飞的行程,又作"鹏程万里",比喻远大的前途。

 **故事**

传说大海里有条大鱼,名叫"鲲"。鲲之大,无法形容,光说它的长,就不知道有几千里。它能变成鸟,这只大鸟,名叫"鹏"。鹏之大,也难以比拟,光说它的背,就不知道有几千里;它一怒而飞,张开两扇翅膀,黑压压地就好像遮盖半天的乌云。这大鹏鸟,每当冬天海潮运转之时,就要从北海迁居到南海去。

当大鹏鸟从北海起飞,迁往南海的时候,翅膀一扑,就击起三千里的巨浪,乘着一阵暴风,扶摇而上,直入云霄,一冲就是九万里。

后来,人们根据这个传说,编了一个成语"鹏程万里",人们常把它用作祝贺或自勉的话。宋代的著名女词人李清照在一首《渔家傲》中写道:"九万里风鹏正举",表示自己要像鹏一样高飞远走,她用的也正是这个典故。

匹夫　语出——《孟子》

 释义

"匹夫",泛指平常人,也指无学识、无智谋的人。

 **故事**

战国时,一天,万章问他的老师孟子说:"有人讲商汤的贤臣伊尹先是做别人的陪嫁奴隶,后当汤的厨子,取得了汤的信任,才做到宰相的。不知道是否真的有这回事?"

孟子回答说:"不完全是这样。伊尹曾在有莘(shēn)国的郊外种地,商朝的开国之君曾派人去聘请他,他却悠然自得地说:'我干吗要接受别人的聘请呢?这样不是很好吗?我终日无拘无束,在田野之中获得了许多乐趣!'汤再三派人去请他。最后,伊尹完全改变态度,说:'我在田野之中自得其乐,何不去让汤成为尧舜一样的君主,使天下的老百姓都得到乐趣呢?既然上天生育了我,赋予我智慧,我就有责任启发那些缺少智慧的人。唉,像这样的事情,我不应该放弃啊!'"

万章说:"伊尹真是一位贤臣!"

孟子回答道:"不错,在他看来,天下如果有一夫一女不蒙受尧舜的恩泽,那就如同自己把他推进深沟中一样。后来,他到了汤的身边,说服了汤讨伐残暴的夏,拯救了许许多多人民。伊尹是真正的圣人啊!圣人的行为不完全相同,有的远离君主,洁身自好;有的在君主身边,帮助他们做好事。所以,我认为伊尹不是以当君主厨子的身份去阿谀奉承,而是宣传尧舜之道。"

破镜 语出——《本事诗》

释义

"破镜",打破镜子,比喻夫妻分离。用作"破镜重圆",则比喻夫妻失散或决裂之后重新团聚。

故事

南北朝时期,南朝后主陈叔宝的妹妹乐昌公主,嫁给了当时的名人徐德言做妻子。

当时,陈后主不理朝政,只知饮酒赋诗,寻欢作乐。徐德言夫妇料定国家将灭亡,夫妻必得分散,便把一面铜镜打破,各人留下一半,并且约定如果不幸离散,就在以后正月十五元宵节这一天,都拿着这半面镜子到街上去卖,借此团圆。

后来,陈后主被杨坚(即隋文帝)灭亡,乐昌公主被俘,送往长安,被逼在杨坚的大臣杨素的府中服役。徐德言想念妻子,不辞长途跋涉,上京寻访。

到第二年元宵节那一天,徐德言在闹市上特别留心卖镜子的人。突然发现一位老人家在出卖半面破镜,徐德言赶忙从身上取出自己的那半面,两相配合,丝毫不差。问了老人家,得知乐昌公主已是杨素的侍妾,料想无法再见,心中无限感慨,就在镜子上题了一首《破镜诗》:

镜与人俱去,镜归人未归,
无复嫦娥影,空留明月辉。

老人家把题有诗的破镜带回去给乐昌公主,公主展读了丈夫诗意凄凉的诗句,非常悲伤,茶饭不思,人也憔悴了。

在杨素一再追问下,乐昌公主把实情讲了出来,杨素听了也深受感动,就让他们夫妻重新团圆了。

杞忧　语出——《列子·天瑞》

 释义

"杞忧",也叫"杞人忧天",原指杞国有个人怕天塌下来,吃饭睡觉都不安。后来比喻为不必要的或无根据的忧虑和担心。

 **故事**

古时候,河南省杞县有一个可笑的读书人,他特别胆小怕事,平时只敢待在家里看书和做其他事情,从来不敢单独走到大街上去。

一天,他看书看累了,就抬起头望着窗外的天空。天空蓝得像一块大玻璃,偶尔有几朵云从天上飘过。他的脑子里忽然闪过一个念头:这么大的一块天,时间久了,难免有的地方不太牢固,万一哪天突然掉下一块来,也许正好砸在自己的头上,那怎么得了呢?接着他又朝外面一大处空地里望去,马上提心吊胆起来:这么大的一块地,上面又压着许许多多的房子、大树,日子长了,也会总有些地方承受不住,说不定哪天有块突然塌下去,又正好在自家的屋子底下,不就倒霉了吗?他越想越害怕,以至整天愁眉苦脸,坐立不安,后来连饭也吃不下,觉也睡不稳了。

有一次,天上打了一个响雷,吓得他赶紧躲进被窝里去,心里在想:"天终于塌下来了!天终于塌下来了!"于是闭起眼睛等死。后来,天虽然没塌,却把这个读书人吓出病来了。从此,他就时时刻刻担忧天会掉下来,人一天比一天瘦了。

一个有知识的人听说了这件事,就特地跑去向他解释:"天不过是堆积起来的气体,这种气是到处存在的,人的一举一动,一呼一吸,几乎每分每秒都在跟大气打交道,你何必再担心天会掉下来呢?"读书人听了,将信将疑地问:"如果真的像你说的那样,天是由大气堆积起来的,那么挂在上面的日月星辰会不会掉下来呢?"那个人又向他解释说:"日月星辰也都是由大气聚集而成的,不过是些会发光的气体罢了,不必担心它们会掉下来,即使掉下来也不会伤害人的。"读书人还是有点担心地问:"地也都是堆积起来的土块,它铺满了各个角落,成千上万的人每天踩着它奔走,它会不会塌下去呢?"经过一番解释,读书人总算明白了过来,不再担心天塌地陷,病也渐渐好了。

前茅　语出——《左传·宣公十二年》

释义

"前茅"原意是指古代行军时,有人拿着矛当旗子走在队伍的前面。常用作"名列前茅",比喻名次排列在前面。

故事

春秋时代,北方的晋国(今山西连同河北西南一带)和南方的楚国(含湖北、湖南北部,河南南部一带),两个大国争作霸主,矛盾很尖锐。郑国(今河南新郑一带)是个小国,夹在两个大国之间,处境十分困难。

有一次,楚国发动大军,侵入郑国,郑国军民坚决抗御,结果还是失败了。晋国派了大将荀林父为统帅,出兵援郑,可是还没有渡过黄河,就得到消息说:郑国国君已向楚国屈服,楚军也已经开始撤走了。荀林父便召集部属将领,商议对策。荀林父的主张是:"战事既已结束,楚军也已撤了,我们就回去算了。"另一位大将士会同意统帅的主张,并且详细分析了晋、楚双方的形势,认为退兵回国是正确的。可是荀林父的副将先縠(hú)不同意,竟不听指挥,擅自带领他的兵马,渡过黄河,追击楚军,终被楚军打得大败。

士会分析晋、楚双方形势的时候,曾说过"前茅虑无,中权后劲"等语,意思是:楚军的前锋戒备森严,中军领导很强,后军的实力也很充足。所以不宜轻敌。

敲门砖　　语出——《独醒杂志》

 释义

"敲门砖",比喻借以求得名利的工具,达到了目的以后就抛弃了。

 **故事**

古时候有一天,张公子去拜访李公子。他在李公子的庭院外拍了好一阵子门也无人应声。原来,李公子读书太专心致志了,没有听到张公子叫门。张公子因拍门叫了半天也不见李公子来开门,心中十分不快,转身

正要回府,却一眼瞅见了墙脚的几块破砖头。于是,灵机一动,抄起一块对着门猛敲起来。这回李公子可听见敲门声了,并且心里一惊,以为出什么大事了。急忙转身去开了门,只见张公子悠闲地倚在门边。李公子奇怪地问:"出什么事了?"张公子平静地说:"没出什么事!我闲着无事,特意来拜访你。"李公子又问:"张公子刚才用何物敲门?声音如此之大?"张公子回答说:"没什么特别的,不过是一块敲门砖!"李公子大惑不解:"张公子,访友要专门带上敲门砖?"张公子瞥了一眼墙脚,笑道:"敲门砖随处可拣,也随手可扔,很是方便。"李公子才恍然大悟。

因为"敲门砖"用时随手去拣,敲完后随手丢掉也不足惜。所以,后来人们多把某些人为骗取名利所采取的手段比喻为"敲门砖"了。

 语出——清末禁烟传说

"敲竹杠",是指利用别人的弱点或借某种口实抬高价格或索取财物。

清朝时候,一些外国商船纷纷将鸦片输入中国,以牟取暴利,并毒害中国人的健康。著名爱国官吏林则徐倡议严禁鸦片进口。派出查禁鸦片走私的官船在领海上巡逻。

有一次,官船堵截了一艘走私船。一个官员抽着旱烟走上船来,监督手下人立即搜查鸦片,他无意中把旱烟头在船篙上磕烟灰,这个举动吓坏了船上的走私商人。原来,他们偷运鸦片的花招之一,就是把船篙从头到尾打通,然后把鸦片藏在船篙里面,等躲过了检查再设法弄上岸。这时,走私商人以为官员发现了船篙里的秘密,吓得脸色发白,他马上强作镇定,嬉皮笑脸,趁人不见,把白花花的银子塞在官员手里,进行贿赂。这个贪心的官员心领神会,马上下令放走了这艘走私船只。从此,"敲竹杠"的说法就传开了。

 **染指** 语出——《左传·宣公四年》

 释义

"染指",指沾取不应该得到的利益。

 故事

春秋时代,有一天,公子宋和子家去见郑灵公。将进宫门,公子宋忽然停住脚步,抬起右手,笑眯眯地对子家说:"你看!"子家莫名其妙地看着公子宋的手,只见他的食指轻轻地颤动着,不禁摇了摇头,也伸出自己的右手,动了动食指,说:"这谁不会!"公子宋哈哈大笑,说:"你以为是我让食指抖动的吗?不!这是它自己在动。不信,你再仔细看看!"子家认真地观察了一会儿,再动了动自己的食指。果然,公子宋的食指抖动与自己的食指抖动状态大不一样。公子宋得意地晃动着脑袋,说:"看样子,今天有好吃的在等着我们呢!以往每当我这食指动起来以后,总能尝到新奇的美味。"

子家将信将疑。俩人进宫,发现厨子正在把一只煮熟了的甲鱼切成块。这只甲鱼特别大,是一个楚国人进献给郑灵公的。郑灵公见这只甲鱼够好多人吃,决定把它分赐给大夫们尝尝。子家忍不住朝公子宋翘了翘大拇指。公子宋笑着晃起了脑袋。郑灵公见两人这么没规矩,不禁皱了皱眉头,问:"你们在笑什么?"子家就把刚才在宫门外发生的事情讲了一遍。郑灵公听了,含含混混地说了一句:"哦,真有这么灵验?"便不再说什么。

过了一会儿,大夫们到齐了。那只已经切成块的大甲鱼放在鼎(当

时用来煮食物的青铜炊具)内,由厨子一一装进盘子,先给郑灵公,然后给各位大夫。郑灵公先尝了一口,称赞道:"味道不错!"示意大家一起吃。大家便津津有味地吃了起来。但是,公子宋却呆呆地坐着。原来,他面前的桌案上什么也没有。显然,这是郑灵公安排好的,厨子可没有这么大的胆子。公子宋窘迫不堪,脸上红一阵白一阵。他看着郑灵公,这时郑灵公吃得正香,一边和大家说笑,似乎根本就没注意到他这里的情况。他又看看子家,见子家也吃得起劲,一边还在朝他扮鬼脸。公子宋再也忍不住了,忽地站了起来,走到大鼎面前,伸出指头往里蘸了一下,尝了尝味道,然后,大摇大摆地走了出去。

孺子牛　　语出——《左传·哀公六年》

 释义

"孺子牛",用来比喻甘愿为人民大众服务的人。

 **故事**

春秋时,齐景公是一个在位时间很长的国君。他一共有6个儿子,但他最喜爱的是小儿子晏孺子。

晏孺子是齐景公的宠妃鬻(yù)似所生,长得聪明伶俐,活泼可爱。已到花甲之年的齐景公经常和孺子一起玩乐,做游戏,孺子要他干什么,

他就干什么。

有一次,孺子要齐景公装作一头牛让他牵着玩,齐景公立即让人拿来一根绳子,把绳子的一头用牙齿咬住,把绳子的另一头让孺子牵着。孺子高兴极了,他便像牧童一样,牵着"牛"猛跑起来,齐景公也装着牛在后面跟着跑。跑着跑着,孺子一不留神,突然一跤跌倒。这时齐景公没有防备,咬着绳子的门牙竟被拽掉了一颗,顿时满嘴鲜血直流。

孺子"哇"的一声,大哭起来。齐景公顾不得自己,上前把孺子拉到自己怀里,说:"孺子乖,孺子不哭,爸爸不痛!"

过了不久,齐景公病了,而且病得很重。临死前,他立下遗嘱,要大臣国夏和高张辅助晏孺子继承王位,齐景公的长子阳生听说后,害怕遭祸,逃到了鲁国,孺子的其他几个兄长都被景公下令逐出京都,迁到莱邑。

齐景公死后,国夏和高张便立孺子为君,孺子年幼,就由国夏和高张辅政。这时,原与阳生交好的大夫陈僖子心中愤愤不平,他先造谣说国夏和高张要杀尽旧臣,起用死党,煽动群臣的不满,接着便和另一大臣鲍牧一起向国夏和高张发难,杀了他们两人。

孺子年幼无知,便封鲍牧为右相,陈僖子为左相。不久,陈僖子又暗中把阳生接回国内,藏在自己家中。一天,陈僖子假称祭祖,请群臣宴饮。席间,陈僖子说:"国君死后,继立长子,这是天经地义的。晏孺子年纪太小,做不了国君,今天我奉鲍相国的命令,我们大家一起改立公子阳生为国君!"

阳生做国君,这就是齐悼公。他继位后,当天便令把晏孺子杀了。

如坐针毡　语出——《晋书·杜锡传》

释义

"如坐针毡",用来形容心神不宁,坐卧不安。

故事

西晋时期,有个著名的学者叫杜预,他有个儿子叫杜锡。杜锡从小受到良好的教育,年轻时由于学识渊博,被长沙王请去做文学侍从,后来做太子的老师。太子昏庸而不求进步,不按情理办事,杜锡对此很有意见,多次以恳切的言辞劝告太子。而太子听了杜锡的劝告却很不高兴,便打起了坏主意,派人偷偷地在杜锡平日经常坐的毡中插了许多针。杜锡哪里知道,等他坐下后,被针刺得鲜血淋漓。

第二天,太子还故意问杜锡:"你昨天出了什么事?"杜锡明知是他恶作剧,但是不敢直言,只好含糊其辞地说:"昨天我喝醉了酒,究竟干了些什么,我自己也记不清楚了。"

往后,人们便将仿佛坐在有针的毡子上那种心神不宁、坐卧不安的感觉称为"如坐针毡"。

三寸舌

语出——《史记·平原君虞卿列传》

"三寸舌",形容能言善辩的口才。也可说"三寸之舌"、"三寸不烂之舌"。

战国时,秦国的军队包围了赵国的都城邯郸,赵王派平原君赵胜到楚国去求援,约楚国联合抗秦。平原君从门客中选了20个能言善辩,有能有谋的人,跟他一起出使楚国,其中包括一位向平原君自荐使楚的毛遂。

到了楚国,平原君会见了楚王,请他出兵救赵。可是会谈从清晨直到中午,还是没有结果。毛遂推开门客们,说:"现在,该我上去了!"

毛遂手按着佩剑,神色显得非常庄严。他踏着石阶走进厅内,对平原君说:"联合抗秦的利害,一句话就可以说清楚,为什么从清早谈到中午,还是决定不了啊?"

楚王一愣,问平原君:"这位客人是谁?"

平原君说:"他是我的门客。"

楚王大声叱责毛遂说:"你走开!我跟你的主人会谈,有你说话的份儿吗?"

毛遂紧握着剑把,上前一步说:"大王敢这样叱责我,无非仗着你们楚国人多。你楚国人再多也派不上用处了,何况我的主人在座,这就更轮不到你来叱责我!"

毛遂接着又上前了一步,按着剑厉声说:"你们楚国,历来被秦国欺侮,失地丧众,已经有好多次了。楚赵联合抗秦,对于楚国更为重要,为什么一个堂堂楚国,居然怯懦到一点儿勇气也没有了呢!"

楚王望着毛遂咄咄逼人的眼光,不觉害怕起来,再说毛遂的话也并非没有道理。就连声说:"对!对!先生说得不错,我们就订约抗秦吧!"

毛遂再问一句:"就这样说定了吗?"

"定了,定了!"楚王连忙答应。

毛遂就对楚王身边的人说:"拿鸡、狗和马的血来!"

于是楚王、赵王和毛遂就在殿上歃(shà)血盟誓(用牲畜的血涂在嘴唇上,发誓结盟)。楚国决定派春申君领兵去攻秦救赵,后来魏国的信陵君也派救兵支援赵国,他们一齐打退了秦兵,解了邯郸之围。

平原君带了20人回到赵国以后,当着众人的面赞扬毛遂说:"我从此再不敢评价一个人了!因为我过去看不出先生的才能,把您当做一般人来对待。想不到毛先生的三寸之舌,强于百万之师!说起来,我真是惭愧

啊！"

平原君出使楚国之前，毛遂在众多门客中默默无闻。直到挑选随从时，毛遂才站出来自荐，平原君还不相信他有什么能耐，但是，后来却依仗他的勇气和智慧与楚国签订了盟约，其他的19个人没有起任何作用。

丧家狗　语出——《史记·孔子世家》

"丧家狗"，指失去主人无家可归的狗。比喻穷迫无归的人。

孔子到了郑国，和弟子们走散了，剩下他一个人孤单地站在城门口。有一个郑国人对孔子的弟子子贡说："城的东门站着一个人，我看见他的外貌像圣贤：额头像古代贤君帝尧，颈部像贤臣皋陶，肩膀像郑国的执政大夫子产，可是他腰以下比伟人夏禹要矮一些，而且满脸失意的样子，像一条无家可归的狗。"

子贡把这人的话如实地告诉了孔子。孔子听后却很高兴，笑着说："外貌是次要的，他说我现在像无家可归的狗那么流落失意，却说对了，说对了！"

上当

语出——北京地区俗语

释义

"上当",指受骗吃亏,被欺骗而遭受损失。

故事

清朝,京城有位姓王的当铺老板,因为经营有方,非常富有。

王家人丁众多,一代代传下来,分了许多分支,但是都拥有当铺的资产,他们一个个家财万贯,不思经营,整天花鸟鱼虫,游山玩水。把当铺交给一个掌柜管理。

到了光绪年间,当铺掌柜寿苎对生意并不精通,也无兴趣,他喜欢读书写作,经常结交一些文人雅士在一起赋诗作画,好不自在,对典当事务也越来越不精心。

王家各支对这个寿苎都很反感,但碍着祖传的规矩不能随便更换掌柜,于是几家串通一气要治一治寿苎。他们各自把家里的破烂、杂物送到当铺典当。

一天,王氏当铺忽然来了许多王家人,吵吵嚷嚷要典当东西,伙计看来人都是自己的老板股东,不敢怠慢,无论出多高的价也得如数支付。

接连几天,上当铺的人络绎不绝,全是王家各支的股东,拿来的又是一些废物,寿苎急得团团转,但又不能得罪股东。就这样,不出一个月,当铺的资产被搜括一空,好端端的一个当铺就此破产了。

这种自家人上自家当铺的奇闻在民间广为流传。"上当"本是去当铺典当东西的意思,后来却被用来比喻被欺骗而遭受到损失。

 蛇足　语出——《国策·齐策二》

 释义

"蛇足",也叫"画蛇添足",比喻多余无用的事物,形容做多余的事,反而不恰当,毫无益处。

 故事

战国时,有个楚国贵族祭祀祖先后将一壶酒赏给了几个门客。人多酒少,不好分配,有人提议道:"这壶酒几个人喝显然不够,一个人喝就绰绰有余。我们来比赛在地上作画,每人画一条蛇,谁先画好就该他喝酒。"大家都认为这个办法不错。

比赛一开始,几个人就飞快地在地上画起来。有一个人最先画好,他便将酒壶端了起来准备享用美酒。可他看到别的人还没有画好,感到十分得意,为了显摆自己的能耐,他炫耀地说:"哼!你们画得太慢了,看我不仅画好了蛇,还有足够的功夫给它添上足。"说完他用左手拿着酒壶,右手则在地上画起蛇足来。

正当这人画着蛇足时,另一个人也将蛇画完了。那人毫不客气地把酒壶一下子夺了过去。先画好蛇的人很气愤地说:"你干什么?明明我先画完,你怎么把酒壶抢去了?"后者笑道:"本来是你先画完,谁叫你多事要给它画足?请大家评评理,蛇本来没有脚嘛。"说完,他拿起酒壶一饮而尽。而那画蛇足的人,到手的酒没喝成,还被别人嘲笑了一番,自己也感到非常没趣。

射影　语出——《搜神记》

 释义

"射影",也叫"含沙射影",比喻用影射的手法暗中攻击或陷害他人。

 **故事**

古时候,水中有一种怪物叫"蜮(yù)"。这种东西,形状十分奇怪,它头上有角,背上有甲,没有眼睛,长有3只脚,嘴里长有像弩一样的东西,形状大体像鳖。蜮生长在南方的水中,当它看到人的影子,就会从嘴里喷出沙子射向人的身上,被射中的人会生病或死亡。

这个传说故事,当然是毫无科学根据的。不过,"含沙射影"这一成语却是从这个传说故事里演变而来的。现在多用来形容对人间接的诋毁,拐弯抹角的辱骂;或者表面上似乎在谈论别的事情,实际上却是恶意中伤他人。

生意

语出——《史记·货殖列传》

"生意",指商品买卖。而做生意,也就是做买卖。

春秋末年,隐居山东陶城的范蠡,写过一部书,名叫《计然》。上面有各种各样振兴经济、富国强兵的计策。他对家臣云梦说:"《计然》之策七篇,越国只用其五就灭了吴国,获得无限生机,现在我要将它用在买卖上。"

《计然》中讲了几条经商经验:一是"务完物",即妥善保管商品;二是"贵出如粪土,贱取如珠玉。"即东西贵时,要马上抛出存货,价钱便宜时,要立刻收购;三是"无息币",即资金流转必须迅速。他运用几条经验,一下子暴富起来。由于他改姓了朱,又居于陶地,所以人称陶朱公。韩非子说过:世上地位最尊贵的是天子、诸侯;钱财最多的是陶朱公、卜祝。可见他是怎样的富有了。

当时,鲁国有个穷光蛋名叫猗顿,听到这个消息就去拜访陶朱公,请教怎么致富。陶朱公笑而不答。猗顿便在他手下当了个管财先生,干得非常卖力。有一次,一条渔船带来大批珠宝,猗顿想,买下来定能赚大钱。但陶朱公不在,他不敢擅自拨出巨款收买。这时云梦说:"先生,《计然》说,购买货时要当机立断,'贵出如粪土,贱取如珠玉'。"猗顿忙问:"什么是《计然》?"云梦说:"我家老爷写的书,能给买卖带来无限生意(生意即生机的意思)。"

猗顿听了大喜,等陶朱公回来,便拜求致富之术。陶朱公见他知《计然》底细,而且出过不少力,便将《计然》传给了他。他用心研读,然后去西河,养了大批牛马;并往来各地,买卖食盐,依《计然》之计谋,数年间就富比王侯,驰名天下。

人们请教他是怎么富起来的,他答道:"过去,我乃鲁国一穷士,耕则常饥,桑则常寒,闻朱公富,往而求致富之术焉。《计然》诸计,给我的买卖,带来多少生意!"

就这样,人们称做买卖叫生意。

食言　语出——《左传·哀公二十五年》

释义

"食言",指把说过的话又"吃"回去。比喻说话不算数,不守信用的行为。

故事

春秋战国时期,鲁国掌权的孟武伯经常言而无信,鲁国国君哀公对他很有看法,但是又奈何不了他。

一次,鲁哀公从越国回来,孟武伯与同僚季康子在一个叫做五梧的地方迎候。当时,鲁哀公大摆宴席,与迎接他的人们共饮,为鲁哀公驾车的近臣郭重也在座。平素孟武伯很讨厌郭重这个人,席间,孟武伯故意挑衅

地问:"郭重,你为什么这么肥胖高大呢?"鲁哀公不待自己宠爱的郭重回答,便借机讥讽地说:"食言多矣,能无肥乎?"意思是吞没了这么多诺言,怎么会不肥胖呢?弄得孟武伯十分尴尬,很不自在。

此外,《尚书·汤誓》也有"尔无不信,朕不食言。"这是商汤伐纣时的誓言,意思是你们百姓若和我一心伐纣,我答应过你们的也一定兑现。

势利眼　语出——《通俗编》

释义

势利眼,又称"看人头",形容处世态度势利以及处世态度势利的人。指在人与人交往中,不看本质,以官职、衣冠、钱财取人,媚富贱贫,趋炎附势的势利心态。

故事

浙江的莫干山,是个山清水秀、景色怡人的好地方,山中有座宏伟的庙宇。

一天,一位衣着朴素的香客来到庙里,方丈见有人来,淡淡地一指石凳道:"坐。"回身对一个小和尚道:"茶。"客人坐定与老方丈慢饮细品起来,谈话间方丈发现此人出口不凡,绝非一般香客,便起身将来人引到大殿,客气地说:"请坐。"又对小和尚道:"敬茶。"大殿里两个人谈兴越来越浓,天南地北,天文地理,来客无所不知,无所不晓,老方丈顿觉惊讶,忙起身打听来客姓名,来客说道:"区区在下,姓苏名轼字东坡。"此名方丈如雷贯耳,连忙将苏东坡请进自己的禅房,毕恭毕敬地说:"请上坐!"吩咐小和尚:"敬香茶!"老方丈拿出纸砚笔墨,请苏东坡楹联留念。苏东坡提笔题道:"坐,请坐,请上坐;茶,敬茶,敬香茶",老方丈看罢羞得满脸通红。

像这个老方丈这样眼里只有名势功利的人大有人在,后来人们便把这种人称为"势利眼"。

书生　语出——《宋书·沈庆之传》

释义

"书生",指年轻识浅,阅历不多的文人,后泛指读书人。

故事

元嘉二十七年,沈庆之被南朝宋文帝刘义隆提拔为太子步兵校尉,负责南朝的军事部署。

当时,北方拓跋部建立的北魏政权日益强大,对南方形成很大的压力。宋文帝一心想收复北方失地,就找来沈庆之商量此事。可是,沈庆之却劝谏宋文帝说:"长期以来,南方的马军和步军都敌不过北方,远的

且不说,前些年檀道济、到彦之两次率领军队北伐,结果都无功返回。檀道济和到彦之都是江南名将,今天陛下任命的北伐主帅,才能不及二将,军队的精良也赶不上先前。如果一定要兴师北伐,恐怕会再次遭受侮辱。"

宋文帝不高兴地说:"小丑们占据着北方,怎么能不尽力收复呢?前两次失败,也有别的原因:檀道济利用北方的军队来要挟朝廷,到彦之在行军途中又盲目出击。敌人所依靠的只是骑兵,现在夏水猛涨,江河通航,如果我军用战船进攻北方,那么,敌人一定抱头鼠窜,收复中原岂不是易如反掌!"

沈庆之见宋文帝把战争看得如此简单,更加忧心忡忡,他再三向宋文帝表示不宜北伐。宋文帝见说服不了沈庆之,就让坐在一旁的两个文官与他辩论。沈庆之十分生气地对宋文帝说:"治国犹如治家一样,耕田的事应当问农夫,纺织的事应当问织女,现在陛下讨论军国大事,却让两个书生来谋划,这有什么作用呢?"

看到沈庆之生气的样子,宋文帝大笑起来。

蜀道难　　语出——乐府《瑟调曲》名

 释义

"蜀道难",多用来形容入蜀(今四川)道路的艰难。现在形容遇到的困难之大。

 故事

唐代天宝元年,诗人李白应诏来到京城长安。

当时的李白已在全国各地游历16年,诗名满海内了。所以,老诗人贺知章听说李白已到长安,就到李白的住处去看他。李白身材魁梧,一双大眼睛炯炯有神,既有诗人儒雅的风度,又有剑客英武的雄姿。贺知章一见李白,就非常欣赏他的非凡气度。

两个人谈了一会儿,贺知章向李白索要他的诗稿一观。李白拿出新写的一首《蜀道难》给贺知章。

老诗人展开诗稿,一下子就被诗中豪放激昂的语句震撼了:

噫吁嚱,危乎高哉!蜀道之难,难于上青天……

诗中描写蜀道风物,真是千奇万险,激荡人心。"蜀道之难,难于上青天"一句在诗中3次出现,反复咏叹,在描写蜀道山川的高危险峻之中,寄寓着诗人奔放激昂的感情,使人读后心情振奋不已……

贺知章读几句,就说一声:"好诗!"读完后,由衷地赞叹说:"这首诗气魄雄健,简直可以惊天地,泣鬼神了!你真是一位'诗仙'呀!"

一首《蜀道难》,使李白驰名长安,而"蜀道难,难于上青天"这句诗也成了后人遇到困难时引作比喻的常用语。

踏实　　语出——《邵氏闻见前录》

"踏实",形容作风质朴,态度真诚,不虚夸,不浮躁,不投机取巧。也可用来形容情绪安定。

司马光是北宋时期的著名历史学家,小时候他聪明过人,处乱不惊。

有一次,他和小朋友们在后花园做游戏,没有一个大人在附近。忽然,一个小孩掉进水缸里,其他的小孩都吓慌了,司马光却毫不慌张,搬起石头,砸破水缸,缸里的水流了出来,那个孩子得救了。大人们知道后,都称司马光将来必定有大出息。

青年时代,司马光特别爱好钻研历史,遍读各种典籍史书,掌握了丰富的历史知识。宋英宗时,他在朝廷做官,奉命主编一部规模宏伟的编年体通史,前后花费了19年的时间和心血。司马光废寝忘食,严谨治学,旁征博引,专心编撰,无时无刻不在认真工作。有时从白天工作到深夜,天还未亮就又起来工作。睡觉时,他给自己准备了一个"警枕",用圆木制成,头枕在上面,睡不多久,稍一动弹便被惊醒,于是立刻爬起来继续工作。协助司马光进行编写工作的其他历史学家,无不被他的敬业精神所感动。

司马光编撰这部史书,态度非常认真,决无半点马虎。他先广泛收集材料,对材料进行分析整理,经过反复研究和精心选择,再把它们按照年代依次串联起来,然后一篇篇地加以剪裁润色,写出初稿。其中许多篇章,进行了多次反复修改。他编写唐代部分的时候,原先多达六百卷,后来他对原稿进行考据,删繁就简,最后定稿时精简为八十卷。

完成后的原稿,都是一笔不拘的正楷字体,抄写得工工整整,没有一个潦草字。剩下的废稿、残稿堆放在洛阳,占满了两间屋子。

皇帝宋神宗对这部史书非常重视,给这部书取名为《资治通鉴》。

司马光问他的好友邵雍:"我是怎样的一个人?"邵雍敬佩地说:"你是一个踏实的人啊!"

泰斗　语出——《新唐书·韩愈传赞》

释义

"泰斗","泰山北斗"的简称,比喻某一方面负有名望的人或被人们尊重仰慕的人。

故事

韩愈,字退之,唐代南阳(今河南省孟县)人。因祖籍在昌黎(今河北省唐山市),曾自称"昌黎韩愈",死后被追封为"昌黎伯",所以世称"韩昌黎"。他的诗和文章都很有名,特别是他的散文,自成风格,为人们所传诵,称之为"韩文"。后人把他列为"唐宋八大家"之首。

当时一般的文风,由于受六朝以来的影响,作家都只求辞藻华丽,崇

尚对句等空洞形式（所谓"骈俪体"），而魏以前优秀作家的传统，如汉代文学家司马迁、杨雄等高超的写作技巧和雄浑清新的气派，这时已衰退不振。在韩愈的倡导和推行下，轰轰烈烈的古文运动（亦即散文运动）展开，给后世留下了深刻的影响。宋代著名文学家苏轼曾称赞韩愈"文起八代之衰"。《新唐书·韩愈传赞》末后的赞语中也说："自愈没，其言大行，学者仰之如泰山北斗云。"

泰山，在山东，其主峰在泰安县，是我国的五岳名山之一。北斗，即大熊星座，有七星，列作有柄的斗形（斗，是古代舀酒的用具），终年在北方，所以称为北斗。人们敬仰韩愈，把他看作高大的泰山和指示方向的北斗星一样。

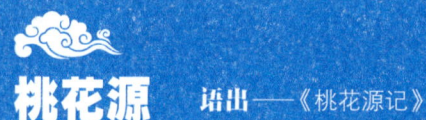

桃花源　语出——《桃花源记》

释义

"桃花源"，常用来指乱时避世隐居的理想境界。人们也常用桃花源泛指理想的美好境地。

故事

晋朝时，有一个老渔翁，每天划着小船在河里撒网打鱼。这天，老渔翁的船顺水飘着，来到一处两岸长满了桃树的地方，这片桃林美极了，满树的花朵,衬着碧绿的草地,轻风吹来,纷纷扬扬地飘落着粉红色的花瓣,伴随着阵阵的清香。老人被这迷人的景色吸引住了,他想找到桃林的尽头,于是顺着河流一直向前划去。过了这片桃林也就到了河流的尽头,原来那里有一座山,山上有个透光的小洞。老人下了船,从洞口钻进去,经过一段狭窄的通道,眼前一下子就开阔了。这里土地平坦,房屋整齐,一行行的桑树竹林,一片片的池塘菜地,道路四通八达,鸡群咯咯,小狗汪汪,小孩子梳着歪毛小辫。来来往往的行人和在田里干活儿的老乡都像外地人,穿的衣服、戴的帽子,都显得有点特别,看起来他们都很高兴,好像没有一个苦闷或伤心。

老渔翁正在纳闷儿,那些过路的人已经看见了他。

"咦?您是什么人?从哪儿来的?"人们非常惊奇地围住了老渔翁。

"我是个打鱼的老头儿,住在湖南武陵,今天出来,顺着河流观赏那片桃花林,没想到来到了您这儿,请不要见怪。"

"啊,欢迎,欢迎!请到我们家坐坐!"桃花源里的人听说来了外地的客人,都来热情地邀请老人吃饭,好多人都纷纷来跟老渔翁打听山外的事。

原来他们的祖先是秦朝时候的人,因为逃避秦末战乱,带着妻儿来到这个僻静无人的地方,从此与世隔绝,也不知山外到底是什么情况了。

老渔翁跟他们说,秦以后经历过汉朝、三国(魏、蜀、吴),才到现在的晋朝,前后差不多有三百多年了。人们一听,直感叹,原来世道有这么大的变化啊!

大家留老渔翁住了好几天,轮流请他到家里去作客。临别时,嘱咐老渔翁出去以后千万别告诉外人这里的事。

老渔翁钻出山洞,找到了自己的船,按原路返回,沿着河岸做了许多记号。但是,他回来对身边的人说出这个发现之后,再顺着记号去找,却不见那片桃林,更找不着那个山洞了。

桃李　语出——《韩诗外传》

 释义

"桃李",比喻所栽培的后学或所举荐的人才。

 **故事**

在春秋时候,魏国有一个叫做子质的官员。他当权的时候,曾经培养了不少人担任官职。后来子质因得罪了高官,无法在魏国生存下去,只好过上了逃亡的生活。

一天,子质倍感委屈,于是对朋友赵简子发牢骚,说今后再也不干培养人才的工作了。赵简子问这是为什么,子质说:"现在坐在公堂里执法的人,大都是我培养的;在朝廷中当官的,也大都是我培养的;在边疆立功的将领,半数也是我的学生。可是,现在他们却挑拨国君拒绝我,煽动朝中官吏敌视我,怂恿边境将士逮捕我。这还有什么意思呢?"赵简子听后劝解他说:"春天种桃树李树的人,夏天有阴凉可以休息,秋天有果实可以饱尝;而春天种蒺藜的人,夏天没有树阴可以休息,秋天收获的只有尖刺,看来您过去所种植的是蒺藜,所以没有好报。今后您要先选择好对象再培养,而不要没看准对象就先培养。"赵简子借着这个比喻,委婉地给予了子质善意的忠告。

跳龙门　语出——《列仙传》

释义

"跳龙门",比喻得到名家的举荐而增长声誉,也比喻科举考试取得名次。

传说,战国时赵国有个名叫"高"的人,因为他的琴弹得很好,人们便叫他为"琴高"。

琴高曾经做过宋康王的门客,为宋康王操琴。宋康王死后,他便到全国各地游历、传布道家的长生不老仙术,不少想修道升仙的人,纷纷拜在他的门下。他在冀州和涿郡一带游历了二百多年,收的弟子有好几百人。

有一天,琴高和众弟子告别外出,弟子们问他去干什么,琴高说:

"我要到涿水去捉一条龙子作自己的坐骑。"

"龙子是什么东西,是龙的子孙吗?"一个弟子问。

"龙子是赤色的鲤鱼,它如果跳过龙门,就成为龙了。你们在我去后,都要斋戒沐浴,等候在涿水旁,并给我造好一座生祠,等我乘鲤归来。"

琴高说完,便向涿水走去。他来到涿水岸边,纵身跳进了水里。他的弟子们便按照他的吩咐,在涿水旁建造了一座"琴高祠",并斋戒沐浴,虔诚地等琴高归来。

他们等呀等,等了不知多少天,只听河水"哗"的一声响,便看到琴高乘着一尾赤色的鲤鱼,钻出了水面,径直向岸边的琴高祠飞去。

进了祠堂,琴高端坐在接受供奉的位置上,接受众弟子参拜。众弟子

对琴高高明的仙术佩服得五体投地。没过多久,这事轰动了附近的州郡,每天从各地赶来看的有一万多人。

这样过了一个多月,一天清晨,琴高又乘着赤色鲤鱼飞入了涿水,从此再也没有回祠里。

铁公鸡　语出——《子不语·铁公鸡》

"铁公鸡",用铁铸成的公鸡。比喻非常吝啬、一毛不拔的人。

古时候济南有一个富翁十分小气。他的衣服总是穿破了补,补了穿,从来舍不得做一件新的。他吃完饭后,总要把碗舔一遍,舍不得扔一粒米饭。

村里乡亲结婚,家家都送些礼物去祝贺,富翁送的礼物总是最寒酸的,其实他家并不穷。

有一次,村里的一个人得了急病,请了大夫来看病,大夫开完药方后说,这味药在煎时要两根七寸长的公鸡毛做药引子。

病人的家属找遍了全村都没有找到大公鸡。忽然有人想起富翁家每天都有一只公鸡打鸣,叫声很大,想必他家一定有一只大公鸡。

病人的家属来到富翁家后,果然见一只大公鸡在院中啄食。但他一听要拔他家公鸡的鸡毛,十分不乐意。在病人家属的再三请求下他才说:"这样吧,病人需要吃鸡补身体,我这只鸡也正想要卖,你们就出五钱银子把这只大公鸡买去吧。"那家人因急着要鸡毛做药引子,只好花五钱银子买走了那只大公鸡。其实,在市场上要买这样的鸡连二钱银子都用不了。

后来,村上的人都说他家的鸡都像铁公鸡一样,一根毛都拔不下来。

铜臭　语出——《后汉书·崔寔传》

释义

"铜臭(xiù)",指铜钱的味道,原本是讽刺那些用钱买官的人,现常用来讽刺唯利是图或为富不仁的人,有时也用来讽刺接受贿赂或只知钻钱眼的市侩气。

故事

东汉后期,政治腐败。汉灵帝同大臣竟然一起公开售卖官爵。有钱人可以用现钱买官,还可以赊买,上任后加倍还钱。而且,一个官职可以卖了又卖。因此,买官者一上任,便拼命地搜刮民财,令百姓怨声载道。

有一个名叫崔烈的人,用 500 万元买了一个"司徒"的官职,这可是

汉朝朝廷中最高的官职之一,它与司马、司空并称为"三公",地位显赫。崔烈当上了高官,心满意足,但是心里总觉得不太踏实。有一天,他问儿子崔钧:"我现在担任了三公的职位,你可听到外面的人对我有什么议论吗?"崔钧回答说:"人们都说您身上带着铜钱的味道。"

后来,人们就用"铜臭"来讽刺那些一心只顾赚钱、无情无义的人。

同舟　　语出——《孙子·九地》

释义

"同舟",比喻同心协力战胜困难。

故事

春秋时,吴国和越国经常发生战争。无休止的战争不但使双方的城邑和村庄常常陷没在战争的烽火之中,使双方的农业生产遭到了严重的破坏,更给双方的百姓带来了长期的心灵创伤。

有一天,在吴越界河的一艘渡船上,坐着十几个乘客,其中吴人和越人各占一半,分坐在船的两头,双方谁也不搭理谁,气氛显得十分沉闷。

船正向南岸驶去,刚到江心,突然天气骤变,一阵狂风吹来,霎时间乌云满天,暴雨倾盆而下,汹涌的巨浪一个接一个向渡船扑来,两个吴国孩子吓得哇哇大哭起来,一位越国老太一个趔趄,跌倒在船里。

掌舵的老艄公一面竭力把住船舵,一面高声招呼大家躲进舱里去。这时,另外两个年轻的船二奔向桅杆去解绳索,想把篷帆迅速解下来,但由于船身在风浪中剧烈颠簸着,两个船二使不上力,一时怎么也解不开。可如果不解开绳索,降下帆,船就有翻掉的可能。

就在这千钧一发之际,船上几个年轻人,不管是吴国人,还是越国人,都争先恐后地冲向桅杆,顶着狂风恶浪,一起去解绳索,不一会儿渡船上的篷帆就降了下来。

又过了一会儿,风浪过去了,江面又重新恢复了平静。那些顶着风浪卸篷的壮士们,已经不分吴越,相互紧握双手,共同庆贺渡船战胜了风波。船靠岸后,两国乘客一起登岸,纷纷互道珍重,拱手告别。

几十年来看惯了两岸战争烽火的老艄公,望着风雨同舟、共度危难的人们,感慨地说:"吴越两国如果能够永远和睦相处,该有多好啊!"

头悬梁　语出——《太平御览》

"头悬梁",原指将头发栓于屋梁上,以防困乏入睡。比喻发愤读书,刻苦学习。

 **故事**

孙敬是两汉信都（今河北省冀县）人，从小好学不倦，嗜书如命。但因为家里贫穷，没有条件入学，便在家里自学，直到成年。他读书学习时，常常通宵达旦，足不出户。人们只能听到他琅琅的读书声，却难得见到他的身影。为此，人们给他起了个"闭户先生"的雅号。

夜里安静的环境，让孙敬感觉读起书来效果比白天要好得多，因此他每天读到深更半夜。但是时间一长，难免要打瞌睡，可每次一觉醒来，孙敬都懊悔不已。有一天，他抬头冥思的时候，目光停在了房梁上，顿时眼睛一亮。于是他随即找来了一根长长的绳子，将绳子的一头悬住屋梁，另一头系住自己的头发。这样，每当他低头打瞌睡时，头发就会被系住的绳子拉扯住，疼痛感会帮助他赶走睡意。

从此以后，孙敬每天晚上读书，都用这个办法，发愤读书，十余年如一日。他的学识突飞猛进，大大超过了一般的读书人。后来终于成为当时的大学问家。

涂鸦 语出——《示添丁》

 释义

"涂鸦"，指书法拙劣或胡乱写作。多用作谦词。

 **故事**

唐代诗人卢仝（tóng），济源人，自号玉川子。

有一年，卢仝添了个儿子，取名"添丁"。次年，卢仝的好友，大文学家韩愈给他寄诗云："去岁生儿名添丁，意令与国充耘耔。"按照唐代的法律，凡男子年满21岁，便要为国家服丁役从事耕耘。添丁小时候，最喜欢用墨汁涂抹诗书，因而常常将卢仝的诗书弄得一片黑。卢仝为此作了一首《示添丁》诗，其中有句云："忽来案上翻墨汁，涂抹诗书如老鸦。"意思是形容小孩涂的墨团像老鸦一样。后来，人们根据卢仝的"涂抹诗书如老鸦"诗句，造出了"涂鸦"这个词语。

推敲　　语出——《唐才子传·贾岛》

 释义

"推敲"，指斟酌字句或对问题反复考虑、琢磨。

 **故事**

一个初秋的早晨，唐朝京城长安的官道上，忽然传来一阵嘈杂的笑闹声。原来是一群人跟着一个骑驴的青年，指手画脚地议论着："疯子，这人准是个疯子！"

这个被行人笑为"疯子"的青年,面容瘦削,衣冠破旧。他不住地摇头晃脑,口中翻来覆去地吟着:"闲居少邻并,草径入荒园。鸟宿池边树,僧推月下门……"他吟到最后一句时,总是停顿一下,双手做出推门的动作,嘴上说:"僧推月下门——不,还是僧敲月下门……"可是,他握着拳头做了一下敲的动作,又摇头了。

这时,远处传来一阵急促的马蹄声,紧接着是威严的吆喝声:"闲人让开!"人们纷纷散开,骑在驴上的那个青年仍然沉浸在吟哦中:"推——敲——"

突然,他觉得自己像被什么东西猛撞了一下,从驴背上倒栽下来。原来,是两名差役把他推下了驴背。他被两个差役挟持到一位骑马的官员面前,这才从沉思中清醒过来。原来自己只管"推——敲——",竟糊里糊涂地走到一个仪仗队中间来了。骑在马背上的这位官员,正是长安城里的大官韩愈。

韩愈能诗能文,是唐宋八大家之一,见这位青年文质彬彬的,便和颜悦色地问:"你叫什么名字,骑在驴背上怎么那么入神?"那青年见大人态度和悦,心里安定了几分,便恭恭敬敬地回答:"学生名叫贾岛,刚才在驴背上吟诗,有两个字想了半天,还是拿不定主意,因而闯了大人的道,望大人恕罪。"韩愈听后笑着问他:"你做的是什么诗?哪两个字作不了决断?"贾岛答道:"诗题是《题李凝幽居》……最后一句,'僧敲月下门'不知是'敲'好,还是'推'好,请大人指正。"韩愈沉吟了半晌,才郑重地说:"还是用'敲'好。因为诗题是《题李凝幽居》,月下找人,应该敲门,才和'幽居'两字相切。"韩愈边说边做手势,"幽居谢绝外人,大门必然常关,岂能推开?即使门是虚掩的,也要讲究礼节。推门直入,岂不成了莽撞和尚?"

贾岛听了,恍然大悟,连连点头:"大人说的是!"韩愈把手一摆,接着说:"另外,鸟宿池边树,这景色何等优美;僧敲月下门,这响声又多有诗意?从音节上说,'敲'字也响亮一些。"贾岛听了,把全诗再念了一遍,果然是'僧敲月下门'好,于是更加佩服,连声道谢。韩愈挺喜欢这个用功又虚心的青年,俩人从此做了好朋友。

忘年交

语出——《后汉书·祢衡传》

释义

"忘年交",形容年辈不相当的俩人结成的朋友。

故事

孔融和祢(mí)衡都是东汉末年人。当时,东汉的实权掌握在丞相曹操手里。曹操把汉献帝接到许昌后,四方士大夫纷纷前去,使许昌成为人才荟萃之地。

那时,孔融已四十多岁,在朝廷中担任少尉卿的职务,而祢衡刚二十出头。祢衡文思敏捷,但为人刚强任性,他来许昌后,有人建议他去拜会一下几个有声望的名士,祢衡说:"许昌城里,除了孔融和杨修值得我钦佩以外,其他人都不值得我去拜访!"

孔融听说后,对祢衡很感兴趣,猜想这个年轻人一定很有真才实学,于是他打听到祢衡的住处,特地换上便服,前去拜访祢衡。两个人相见以后,一番攀谈,相见恨晚,竟比多年的老朋友还谈得拢。谈到意投气合之时,祢衡称孔融是"仲尼(孔子)不死",孔融则称祢衡是"颜渊(孔子最器重的学生)复生"。他们超越年龄的界限和隔阂,结成了忘年之交。

后来,孔融曾多次向曹操推荐祢衡,曹操也早知道祢衡的名声,便下令召见他。但祢衡把曹操看作"奸细",很鄙视他,每次都托病不肯前往,并且经常在背后指责曹操。曹操十分恼怒,想杀祢衡,但又怕承担杀戮贤才的罪名阻塞了招贤之路,于是假刀杀人,把祢衡派到性情暴躁的江夏太守黄祖手下。果然,祢衡在江夏很快得罪了黄祖,结果被黄祖所杀。

而孔融后来也被曹操所杀,一对极有才华的忘年朋友便都死在曹操手里。

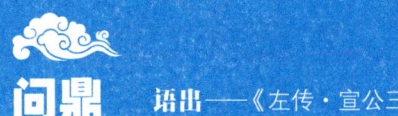

问鼎　　语出——《左传·宣公三年》

 释义

"问鼎",比喻夺取政权的意图或野心。

 **故事**

春秋时期,周定王刚即位不久,忽然得到探报,说楚庄王要带领军队攻打一个叫陆浑的少数民族部落,途中经过洛水一带。

楚庄王为了向周王朝炫耀自己的实力,竟然在洛水当地进行大规模的军事演习。这洛水在周朝边境之内,楚庄王这一举动,显然是在向周朝示威。因此,周定王急忙召集群臣商议,决定派大夫王孙满按照"效劳之礼",以慰问的名义去见楚庄王。

楚庄王见到王孙满,客套了几句,便挑衅地问:"王孙满大夫久住京城,对于九鼎的大小轻重,想来是十分清楚的吧?"在夏商周三代,九鼎是国家权力的象征。王孙满自然明白楚庄王问鼎是因为有取代政权的想法,心中暗暗一惊,但表面上还是从容不迫地答道:"这个自然。不过九鼎的大小轻重,在于君王之德,而不在于鼎的本身。"

　　楚庄王不是笨蛋,他觉得自己好像被人不轻不重地打了一棍子,说道:"哦?此话怎讲?"王孙满说:"当初夏朝在有德之君统治的时候,收集九州的青铜铸成鼎,并把远方各种东西的图像都铸在鼎上,以便让百姓们在进入深山、水域、森林、沼泽的时候,能够避开那些使自己不利的东西。当时上下和谐,得到上天的保佑。这九鼎也就重于泰山,旁人休想移动半分。"说到这里,王孙满有意叹了口气,"可惜夏桀昏乱无道,这鼎就变轻了,从夏朝迁到了商朝,前后达六百多年。由于商纣王暴虐无道,失去民心,这九鼎又迁到了周朝。"

　　楚庄王听着听着,脸上那种挑衅的神态不知不觉地慢慢消去。这一切,王孙满都看在眼里,他接着说:"所以,当君王有美德,因而政治清明的时候,九鼎虽然小,也是重而不可迁移的。相反,如果君王奸邪昏乱,九鼎虽然大,也会失去意义的。周朝的德行并未衰落,天命也没有改变啊!"

　　说到这里,王孙满看了看楚庄王,然后严肃地说:"对九鼎的轻重,可是不能问的啊!"很委婉地批评了楚庄王。

问津　语出——《论语·微子》

 释义

"问津",原指询问渡口,后来比喻尝试做某事或探问情况等。

 **故事**

春秋时期,孔子周游列国,宣传他的政治主张。可惜的是,他经常碰壁,以致当时许多人认为,这位孔夫子太不识时务了。

有一次,孔子乘着马车离开楚国,前往蔡国。为他驾车的是他的弟子,姓仲,名由,字子路。走到半路,他们被一条大河挡住去路。孔子望着滔滔河水,不禁有些发愁。于是,孔子只好派弟子子路去打听渡口。

子路离开河边后,发现不远处有两个人在耕田,赶忙上前恭敬地问道:"请问先生,这条河的渡口在哪里?"

那人名叫长沮,他没有直接回答,而是看了看子路,又看了看不远处的孔子,问道:"那个拉着缰绳的人是谁?"子路见他不回答自己的问话,却反问起自己来,倒也奈何不得,只好回答说:"他是孔丘。"

长沮说:"是鲁国的孔丘吗?"子路说:"是的。"长沮冷笑一声,说:"他是最熟悉各国道路的人,怎么会连渡口在什么地方都不知道,还要问别人。"说罢,依旧耕地,再也不理睬子路。

子路这时也看出来了,面前这两位不是普通的农夫,而是有知识的隐士。所以,虽然讨了没趣,他也只好赔着笑脸。这个人不理他了,他便去问另一个人,而且态度非常恭敬。那个人名叫桀溺,他看了子路一眼,问:"您是谁?"子路回答:"哦,我是仲由。"桀溺说:"是孔丘的弟子吗?"

子路点点头说:"是的。"桀溺转过头去,面对大河,说:"滔滔者天下皆是,到处都是乱哄哄的,有人想改变这个局面,可这个局面谁能够改变呢?您与其跟着这种人,还不如跟着避开乱世的隐士呢!"桀溺说话时始终没停止耕地,说完之后也不再理睬子路。子路灰溜溜地离开俩人,来到孔子面前,把刚才的经过说了一遍。孔子听了,惆怅不已。沉默了一会儿,说:"人不能跟飞鸟走兽共同生活。我们不同世人在一起,又能跟谁在一起呢? 如果天下清明,我自然就不用费心了。"

乌纱帽　语出——《北齐书·平秦王归彦传》

释义

"乌纱帽",也叫纱帽,是古代官吏戴的一种帽子,后来人们习惯使用"乌纱帽"作为官位的代称。

故事

南北朝的北齐,宫内唯天子纱帽,臣下皆绒帽。有时皇帝把纱帽赏赐给宠臣。隋代帝王贵臣多穿黄纹绫袍,戴乌纱帽。其后,民间也流行起乌纱帽来,政府并不禁止。

北宋时,宰相寇准有一次微服私访,到京城外路遇一老翁,老翁对他跪拜迎送,十分恭敬。这时候,宰相寇准感到十分奇怪,便故意问道:"老人家，我不是朝中大臣，您为什么对我如此客气？"老翁笑道："大人不要再瞒我了，刚才你在京城中过狭巷时，左看右看生怕碰着你的头颈，说明你是戴乌纱帽的。如今你没穿朝服，但我还是能够看出你的身份来的。"

到了明朝，官员们仍沿袭宋制戴乌纱帽，但皇帝不再戴了，并规定除在职文武官员外，退休官员、状元、进士及高级官员的亲属皆可戴。

无恙　语出——《世说新语·排调》

 释义

"无恙"，指没有疾病、灾祸等可忧之事。

 **故事**

顾恺之曾经在荆州（今湖北江陵）刺史殷仲堪手下任参军之职，殷仲堪很赏识顾恺之的才能，平时对他很器重。一次，顾恺之请假回无锡家中探望亲人，请殷仲堪借给他一条船和一顶布制的篷帆。根据当时的规定，船可以借，布帆却不能借，顾恺之再三请求，殷仲堪破例把布帆借给了他。

顾恺之十分高兴，乘船扬帆起航，一路沿长江东行。不料行驶到破冢（今湖北华容），突然遇到了大风，江面上波涛滚滚，那船在浪中颠簸不停，险象环生。船工们和狂风努力搏斗，靠着高超的驾驶技术，虽然帆破

樯断,但船终于安全地靠了岸,顾恺之和船上其他人都安然无恙。

顾恺之回到无锡家中,给殷仲堪写信说:"地名破冢,真破冢而出。行人安稳,布帆无恙!"

殷仲堪看了信,知道顾恺之的船在破冢遇到了大风。说破冢而出,冢是坟墓,意思是从坟墓中逃出来,说明这次行程十分艰险,几乎是死里逃生。

但"行人安稳,布帆无恙"却无法理解,他把信给僚属传阅,问他们这两句的意思,大家议论纷纷,说:"这个痴人,无恙是指人无忧无病,布帆是帆,怎能说无恙呢?再说遇到大风,行人又怎么会安稳呢?"

最后,还是殷仲堪看出顾恺之的用意,说:"哦!我懂了!这是他笔下故弄玄虚,妙语连珠。他本来是写'布帆安稳,行人无恙'向我们报说他平安无事。现在改成'布帆无恙',用的实是反语,告诉我布帆已经坏了,看来,那布帆是收不回来了!"

下马威　语出——《汉书》

释义

"下马威",原来指官吏初到任时对下属显示的威风,后来泛指一开始就向人显示的威力。

**故事**

据《汉书·叙传》载:西汉的班伯,少年显贵,出入皇宫,颇为皇帝所重视。

当时恰值定襄地方石、李等大姓对抗朝廷,捕杀地方官吏,皇帝立即任命班伯为定襄太守。定襄豪绅风闻班伯素显贵,少年气盛,担心这位新官一到任,要雷厉风行,严办一些人,以显示他的威风。结果相反,班伯走马上任后,首先拜访地方豪绅父老,作深入调查研究,掌握了乱者的出没行踪及其犯罪的真凭实据后,才挑选精明干练的下属,将他们一网打尽,安定了定襄的社会秩序。班伯上任后不久就显示了自己的真正"威风"。

 想当然　语出——《后汉书·孔融传》

 释义

"想当然",指单凭主观臆断,就认为事情可能是或应该是这样。

 故事

东汉末年,袁绍据有冀、青、幽、并四州,兵多粮足,于是于建安四年(公元199年)率兵十多万南下。当时曹操居于劣势,率兵在官渡(今河南中牟)相拒。第二年春天,曹操乘袁军轻敌无备,内部不和,于是全线出击,一举歼灭了袁绍主力。

官渡之战后不久,曹操的军队又攻下了冀州邺城(今河北临漳县西南)。当曹军进入邺城之后,曹操的儿子曹丕乘机把袁绍的儿媳、年轻貌美的甄氏抢来做自己的妻子。

曹丕的所作所为,引来了众人的讥笑,纷纷认为曹氏父子这种乘人之危的做法很不道德。著名文学家孔融对此也十分不满,于是写信给曹操,信中提到:"周武王伐纣胜利之后,曾把纣王的宠妃妲(dá)己赐给了他的弟弟周公。"但史实是:商朝末代君主纣王的宠妃妲己是在周武王伐纣时被杀死的,周武王并没有把妲己赐给周公。孔融故意不顾历史而这样杜撰,意在讽刺曹操不德,默许或纵容儿子曹丕纳甄氏。

后来,曹操问:"你说周武王把妲己赐给周公,是根据什么典故说的?"孔融回答说:"以今度(duó)之,想当然耳。"

效颦　语出——《庄子·天运》

 释义

"效颦"是"东施效颦"的简略语,比喻不善模仿,效果适得其反,弄巧成拙。

 故事

西施是我国历史上有名的美女。据说她姓施,家住一条河的西岸,所以大家叫她西施。在河的东岸也有个姓施的姑娘,长得很难看,大家管她叫东施。

东施听人家说西施长得很漂亮,心里很羡慕。于是,西施怎么打扮,她就怎么打扮,西施怎么走路,她就怎么走路。有一回,西施患了心痛的毛病,紧皱着眉头,走起路来双手按着胸口。人家看见了说:"这姑娘真可怜。"

这句话传到东施的耳朵里,她以为人家又在夸西施的模样儿好看,便装模作样学着西施,也皱紧了眉头,双手按住胸口。人家看见了可并没说她漂亮,反而可恶地说:"这姑娘干吗装模作样,看了真叫人害怕、恶心。"有钱人看到东施的丑态,赶紧闭门不出;穷人也受不了,带着妻子儿女搬走了。

笑中刀　语出——《新唐书·李义府传》

"笑中刀",比喻外表和蔼而内心阴险。

唐朝时,永泰(今四川省盐亭县)地方有个读书人,名叫李义府。他出身寒族,门第不高,但用心读书,善于写文章。唐太宗时,在科举考试中因对策好而被录用,当了一个小官。

李义府最擅长的是奉承拍马屁。有一次,他写了一篇文章,表面是对皇室人员劝诫,实际上是对他们颂扬。太子李治读了非常欣赏,并向唐太宗推荐,结果被赏40匹帛。

公元649年,唐太宗去世,太子李治继位,成为唐高宗。颇受高宗宠爱的李义府也升了官。从此,他总是面带三分笑,百般奉承唐高宗。过了几年,唐高宗想把侍奉过父亲的武则天立为皇后,李义府极力赞同。于是,他马上被提升为中书侍郎参知政事,成为中书省的长官。不久,又改任右丞相,真可谓飞黄腾达。

李义府表面上待人温和谦恭,同别人说话时,脸上总是微笑着,但大臣们都知道,其实他是笑里藏刀,心底里褊狭阴险。谁要是冒犯了他,或者不顺从他的心意,谁就会遭到他的毒辣迫害。为此,大家背地里给他起了一个"笑中刀"的外号。

一次,李义府得知大理寺(最高司法机构)监狱里关着一个犯了死罪的女犯人,长得非常漂亮,便动了坏脑筋,想把她找来玩弄。他不顾国

法,指使一个名叫毕正义的狱吏免了她的罪。那女犯一出狱,就被他霸占了。

大理寺的主管官员发现这件事后,便向高宗奏告。毕正义闻讯后,知道私放死囚要被处死,吓得上吊自杀了。李义府原先很担心事发后自己要获重罪,后来听说毕正义自杀,认为死无对证,也就没把这件事放在心上。

负责监察工作的侍御史王义方,对作奸枉法的李义府逍遥法外感到不平,向高宗告发李义府是此案主谋。但是,高宗已被李义府迷惑,对其加以偏袒,不仅不问他的罪,反将王义方贬到地方上去当小官。

一走出朝堂,李义府就皮笑肉不笑地对王义方说:"王御史想扳倒我,不觉得惭愧吗?"

王义方大义凛然地说:"我身为御史不能为朝廷除去奸邪,这才觉得惭愧呢!"

这件事后,李义府作奸枉法的胆子越来越大了。他笼络心腹,培植亲信,让自己的亲属向别人勒索钱财,包打官司,以致许多人上他家送钱,求他办各种非法的事。李义府也总是一边微笑,一边不顾国法地营私舞弊。

长期笑中刀的李义府,作恶多端,终于难逃法网,被处流放。朝中文武官员无不拍手称快。

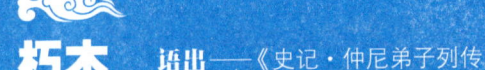

朽木

语出——《史记·仲尼弟子列传》

释义

"朽木",原意是腐朽的木头,比喻不可造就的人。

故事

宰予,字子我,春秋时孔子的学生。宰予善于言词,辩论时总是滔滔不绝,口若悬河。

有一次,他问老师孔子说:"先生提倡父母死后,子女应在墓前守孝3年。我想了好久,觉得3年时间太长了。试想,人人都守孝3年,国家的礼乐谁来管,粮食谁来种,就连钻木取来的火种也会熄灭。这样天下不大乱吗?我认为,子女为父母守孝,3个月就差不多了。"孔子听了,质问道:"3个月?如果你父母去世了,你心安吗?"想不到宰予却回答说:"我心安。"孔子生气地说:"你心安,今后你父母去世了,你就守孝3个月吧!有道德的人父母去世了,他们连吃食物都没有味道,听音乐也不高兴,他们是不愿只守孝3个月的。"

宰予离开后,孔子对其他的学生说:"宰予是个不仁不义的人。儿子生下来以后,3岁才离开父母怀抱独自行走,牙牙学语。儿子为父母守孝3年,天下人都这样做,宰予竟然想出只守孝3个月来。"

有一天,宰予在大白天睡觉,孔子骂他说:"宰予像一块腐朽的木头,雕不成任何器皿;宰予像脏土筑的墙,任你怎么粉刷也没有用。从前我评价一个人,听他说什么话就相信他将做什么事。现在我不这样了,他说什么话,我还看他怎样做事情。我的这种改变是从认识宰予开始的。"

后来，宰予在齐国做临淄大夫（即负责齐国都城事务的官员），与田常等人谋划作乱，结果全家被杀。

雪耻　语出——《史记·燕昭公世家》

"雪耻"，指洗刷耻辱。

春秋战国时，新即位的燕昭王决心礼贤下士，用重金聘请有才能的人，希望以此振兴燕国，向齐国报仇雪恨。

原来，燕昭王在没有即位之前，国内政治非常混乱，南面的齐国乘机进攻，占领了不少土地，掳走了不少人民，燕国差一点儿灭亡。

一天，燕昭王招来郭隗（wěi）说："我深知现在燕国力量弱小，还不足以向齐国报仇。可是我并不灰心。如果天下有才能的人来帮助我，燕国就会强大，就能洗除父辈的耻辱。"郭隗说："如果大王真心招收贤才，就从我开始吧！"燕昭王摇了摇头，表示不理解。郭隗解释说："我是一个一般的人，可是大王却把我当做贤人，那么，天下真正的贤人难道还会不慕名而来吗？"

于是，燕昭王果真把郭隗作为自己的老师。天下有才能的人听到此

事后,都纷纷来到燕国。燕昭王还亲自哀悼在战争中死去的人,慰问遗留下来的孤儿寡母,与老百姓同甘共苦。

二十多年后,燕国富强起来,士兵们士气很旺。这时,燕昭王任命乐毅为上将军,联合秦、楚、魏、韩、赵等全力进攻齐国。齐国的君主在打了败仗后,逃跑到外地。燕兵占领齐国都城临淄,抢走了所有的珍宝,烧毁了宫殿和宗庙,终于报了先前的仇。

掩鼻　语出——《国策·楚策四》

"掩鼻",原意是用手掩着鼻子,表示对丑恶、肮脏事物的憎恶。

战国时候,有一次,魏王送给楚王一名美女,人们以"魏女"相称,楚王非常喜欢她。

楚王的夫人郑袖见楚王宠爱魏女,心里非常生气。而郑袖是个很有心计的人,她表面上装出了一副十分喜爱魏女的模样。魏女穿的衣服、玩的东西、住的房间、睡的床,都由郑袖亲手安排,使魏女十分称心。郑袖平时与魏女以姐妹相称,处处对其予以指点和爱护。在旁人看来,郑袖夫人甚至比楚王还喜欢魏女。

楚王见到这种情况,高兴极了。他对身边的人说:"女人侍奉男人,靠的是美色。如果丈夫喜欢别的女人,妻子产生妒忌心理,那也是情理之中的事。如今郑袖知道寡人喜欢魏女,她竟然也喜欢魏女,其程度甚至超过了寡人,这就像孝子侍奉双亲,忠臣侍奉国君一样啊!"

郑袖听到楚王称赞自己,不禁暗暗得意。她早就想给魏女一点颜色看看了,只是怕楚王看穿自己的想法,非但伤害不了魏女,反倒让自己受到楚王的伤害。既然如今楚王已认为她郑袖不会生气,那么,她就可以行动了。

一天,郑袖和魏女在花园中一座临水的亭子里闲聊。郑袖拉着魏女的手,仔仔细细地端详着她的面容,称赞说:"像妹妹这张脸,就是不吃饭

看三天三夜也不会觉得厌烦。只是……"郑袖话锋一转,"你知道吗,大王喜欢你的脸,却不喜欢你的鼻子。"魏女问:"为什么?"郑袖说:"你的鼻子太小啦!应该稍微大一点。"魏女笑着说:"父母生的,有什么办法呢?"郑袖说:"有办法啊!你以后见到大王时,只要用手把鼻子掩上就行了。你试试看!"魏女果然用手试着将鼻子掩住。郑袖看了,拍手笑着说:"对!对!这样看上去,比刚才更美了!"

　　魏女信以为真,以后每见到楚王,总要用手掩着鼻子。楚王莫名其妙,问郑袖魏女为什么掩鼻。郑袖装作难为情地说:"这……魏女曾对臣妾说过,不过……"楚王说:"不管她怎么样说,你一定要讲给我听!"郑袖装作无可奈何地说:"大王一定要问,臣妾也不隐瞒了。魏女说:大王身上有一股臭味,所以……"楚王一听,勃然大怒,咬牙切齿地骂道:"来人,把这魏女的鼻子给我割了!"

眼中钉　语出——《新五代史·赵在礼传》

 释义

"眼中钉",比喻心目中最厌恶、最憎恨的人。

 故事

五代后唐有一个官吏名叫赵在礼,他在宋州(今河南商丘一带)当节度使。他倚仗皇亲,横行地方,平时对百姓残暴苛刻,征收各种苛捐杂税,而且收礼受贿,百姓们对他恨之入骨,把他视为扎进自己眼睛里的钉子一样。

后来,赵在礼被朝廷下令,调到永州(今湖南零陵一带)任职,宋州人听到这个消息,纷纷奔走相告,高兴地说:"眼中拔钉,岂不乐哉!"但是,赵在礼听到这话,不仅不自我反省,反而十分恼火,于是向朝廷写奏章谎称宋州百姓一再挽留他,朝廷未查实情便信以为真,再次下令允许他在宋州继续留任。从那之后,赵在礼开始了疯狂的报复,他命令宋州居民,不论老少贫富,每人每年必须缴纳一千的"拔钉费"。

赵在礼虽然一时得逞,但是他的名字从此遗臭万年,"眼中钉"这个词语也就流传了下来。

依样画葫芦　语出——《东轩笔录》

 释义

"依样画葫芦",比喻照样模仿,没有创新。

 **故事**

　　五代十国时有个人叫陶谷,字秀实。他很有才气,从小博览群书,文章也写得很好。他在五代晋、汉、周三朝都曾做官,宋太祖赵匡胤称帝后,他做了翰林院学士。

　　陶谷是个不甘淡泊的人,希望能够受到朝廷的重用,于是他很注意迎合宋太祖的喜好。太祖受禅称帝时,没有准备好禅文。当时陶谷站在旁边,立即从怀中掏出事前准备好的禅文。谁知这件事反而让宋太祖反感,看出了他善于逢迎,因而不喜欢他。

　　陶谷在翰林院做学士,久未得到提拔,就托人在宋太祖面前夸奖他有学问,文章写得好,在翰林院里出力不少。但太祖听后只是微微地笑了笑说:"翰林院里写那些文章,都有前人留下的固定格式,无非改换一下词语,就像人们所说的依样画葫芦罢了。既然如此,陶谷在其中又能起到多大的作用呢?"

　　当陶谷知道宋太祖这样评价他后,心里当然相当难受,就在翰林院壁上写了一首诗自我解嘲道:"官职须由生处有,文章不管用时无。堪笑翰林陶学士,年年依样画葫芦。"

　　宋太祖很快看到了这首诗,知道了陶谷心存怨气,就更坚定了不提拔他的决心。

一窝蜂   语出——《西游记》第二十八回

 释义

"一窝蜂",形容像蜂群一样乱哄哄地一拥而上。

 **故事**

火眼金睛的齐天大圣孙悟空,看清白骨精的真面目,追打之下,妖精丢下了3具假尸骸。唐僧认为孙悟空在这荒郊野外,一连打死3人,勃然大怒,写了一纸"贬书",不再要悟空这个徒弟。悟空只好忍气别了师父,纵身驾云回花果山水帘洞去了。

孙悟空来到花果山上空,按落云头,睁眼观看,那山上花草俱无,烟霞尽绝,峰岩倒塌,林树焦枯。只因他闹了天宫,拿上界去。此山被显圣二郎神,率领梅山七弟兄,放火烧坏了。孙悟空正在悲伤,从蔓荆洞里跳出七八个小猴,围住它叩头,禀报了群猴被擒、被杀、被迫在街上卖艺的惨状。

孙悟空为了惩罚经常上山打猎的人,就吩咐群猴:"小的们,都出去把那山上烧酥了的碎石头搬来堆着。或二三十个一堆,或五六十个一堆,我有用处。"于是,那些小猴一窝蜂,搬来石头,堆了许多石头堆。不一会儿,来了一千多个架着鹰犬,持着刀枪的猎人。孙悟空就作法刮起飞沙走石,把那些人都砸死了。然后,孙悟空重新竖起大旗,重修花果山。

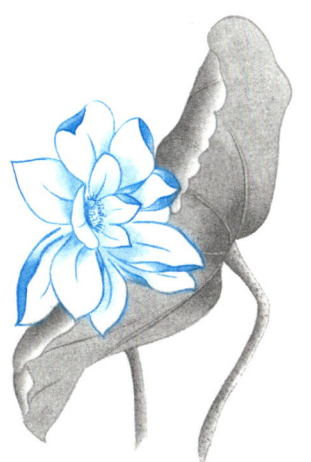

庸才

语出——《三国演义》

释义

"庸才",才能平庸的人。

故事

在一个金碧辉煌的大厅里,一群浓妆艳抹的女子在轻歌曼舞,刘禅喜笑颜开地坐在正中央的宝座上,一边举杯畅饮,一边美滋滋地欣赏着。忽然,司马昭驾到,刘禅连忙起身出迎。司马昭见刘禅沉醉在歌舞之中,就问:"这里可好?你思念家乡吗?""这里好极了,我非常开心。"刘禅愉快地回答。"那你就尽情地享乐吧!"司马昭微笑着说。

刘禅是刘备的儿子,蜀国的后主,后来投降魏国大将军司马昭,迁居洛阳,被封为安乐公。司马昭一心想让他沉溺于享乐之中,使他不思复国之事,而刘禅过着寄人篱下的生活,也居然心安理得,整天寻欢作乐,早已把父亲的事业抛到九霄云外了。这正如了司马昭的心意。

跟随刘禅到洛阳的近臣郤(què)正看在眼里,痛在心里。一天,他看到后主在赏花,就上前郑重地说:"先帝遗嘱不能忘啊!如果司马昭再问,您应该流着眼泪说,先辈的坟墓在家乡,我没有一天不思念啊!"

过不久,司马昭又问刘禅是否思念家乡,刘禅连忙紧闭双眼,硬挤出几滴眼泪说:"先辈的坟墓在家乡,我没有一天不思念啊!"司马昭一听,奇怪地问:"这话怎么同郤正说的一模一样呢?"刘禅不假思索地说:"是郤正教我这么说的。"司马昭听了哈哈大笑,随后就放心地走了。

后来,著名小说家罗贯中写《三国演义》时,写到这件事,作了一首讽刺诗:"追欢作乐笑颜开,不念危亡半点哀。快乐异乡忘故国,方知后主是庸才。"

渔利　语出——《战国策》

"渔利",来自"鹬(yù)蚌相争,渔翁得利",比喻两方相争,被第三者得了利,也指用不正当手段谋取利益。

在海边,潮水向着岩石和沙滩不断拍打着。在动荡的潮水中,一只大蚌被潮水带到了沙滩上,它无力地躺在沙滩上,要靠它自身的力量回到海里,是不可能的了。太阳很好,蚌懒洋洋地舒展一下身体,它把随身的盔甲打开,露出里面的肉,尽量暴晒着。

突然,蚌柔软的肉受到了箭似的东西的攻击,它急忙合拢外壳,紧紧夹住了那突如其来的东西,蚌定睛一看,袭击自己的是一只鹬。鹬没料到自己的嘴会被夹住,它想用力抽出嘴来,然后再把蚌的盔甲啄碎,自己好吃里面的肉。但是没有用,鹬无论用多大的力气也抽不出自己的嘴。

"蚌先生呀!"鹬实在没办法,它劝蚌说:"你夹住我的嘴不放有什么用呢? 假如潮水不来,天不下雨,用不了一天,你就会饿死的,为你自己着

想,还是松开吧!"

"哈哈哈!"蚌大笑,用讽刺的口气说:"你要知道,我只要夹住你的嘴不放,用不了一天,你也要饿死的!我为什么要放你呢?"

因此,它们两个僵持着,谁也不肯放走谁,谁也不肯饶谁,非要拼个你死我活不可。

它们这样争执了几个小时,一个渔翁来到海滩,他看见这一对相争不下的鹬和蚌,很轻松地把它们捉住放进竹筐里。渔翁非常高兴地自言自语地说:"好运气,一下子捉住了两个。"

愚公　语出——《列子·汤问》

释义

"愚公",比喻不畏艰险,有坚韧毅力的人。

故事

从前有一个老头儿,他家门口有两座大山,每座都有一万来丈高,绕着山走一圈,就是700里地。所以,一家人出门很不方便。

有一天,老头儿对家里人说:"咱们从明天起,就来搬走这两座大山。"

老婆婆一听傻了眼:"什么?你说什么?你要搬走这两座大山!"

老头儿点点头说:"是啊!怎么着?"

老婆婆说:"你是发疯了,还是在说梦话?凭你这副老骨头,能搬走这两座大山吗?"

老头儿的儿子都赞成父亲的主意,就说:"还有我们呐。"

老婆婆问:"就算你们能搬,我问你们,挖出来的泥块石头往哪儿倒呀?"

老头儿说:"扔到渤海湾去,还怕装不下?"

儿子们都说:"好,好,明天就开工。"

第二天,老头儿便带领全家,动手搬山了。他家邻居有个孩子才七八岁,也来帮忙。

他们挖得很起劲,挖出来的大石头,还得把它打碎,挑到渤海去。这一来一去要走很长的路,可谁也没叫苦。

村上的人知道了这件事,都笑话老头儿,管他叫愚公——愚就是笨的意思,也就是说他是个笨老头儿。

村里有个老头儿很精明,什么事情都要算一算,所以人家叫他智叟——智就是聪明的意思,说他是个聪明老头儿。智叟看见愚公在搬山,就劝他说:"咳,老兄,你这个人真傻!这么大岁数了,耗尽你的力气,也开不了多大的地方,还是省点儿劲吧!"

愚公一听,说:"咳,老弟,我看你才傻呢。我是老了,可是,我死了还有儿子,儿子还会有孙子。这两座山呢,可是不会再长高了,挖一点就少一点,子子孙孙这么挖下去,还怕挖不平吗?"

愚公说得真有道理,智叟听了没话好说了。

他们的对话被天上的游神听见了,游神忙去告诉了玉皇大帝。

玉皇大帝听了,点点头说:"这愚公一点儿不愚,他说的话,很有道理。而且,他的精神很了不起,我们应该帮他一把!"于是,他就命令黄巾力士把两座山搬走了。

糟粕　语出——《庄子·天道》

"糟粕",原意是指酒渣或豆渣等,比喻粗劣、毫无价值或有害的东西。与"精华"相对。

春秋时期,有一天,齐桓公在堂上看书,一位老木匠在堂下用椎、凿等工具做车轮。这位老木匠叫扁,由于他专门制作车轮,所以大家都叫他轮扁。

齐桓公看书看到得意处,不由得读出声来。轮扁听到读书声,想了想,放下手里的工具,走上堂来,在齐桓公面前几步远的地方停下,恭恭敬敬地说:"请恕臣斗胆问一下,君王读的什么书?"齐桓公没想到这个老木匠自言自语地走上堂来,倒有点意外。不过看在他那么大年纪的分上,倒也不会去斥责他,于是回答说:"寡人读的是圣人写的书。"轮扁问:"圣人还在吗?"齐桓公说:"已经死了。"轮扁又说:"这样看起来,君王所读的,不过是古人的糟粕而已!"齐桓公勃然大怒,说:"寡人读书,你一个做车轮的怎敢议论!你说,这书上怎么会是古人的糟粕?说出道理便罢,说不出道理便死!"

轮扁不慌不忙地说:"臣是根据臣所从事的活计而明白这个道理的。砍削轮子,榫(sǔn)头做得宽了则松滑不牢固,做得太紧就必然涩滞而安不进去,臣制作的榫头松紧适宜,是因为心里怎样想的手便怎样去做,然而尽管所需要的分寸数度心里都明白,但要把它用言辞表达出来却实在不可能,全靠自己手与心的配合。所以,臣无法将其中的奥秘传授给儿子,臣的儿子也无法从臣这里学到其中的奥秘。因此,臣如今七十多岁了,还只好亲手去干制作轮子的活儿。这样看来,古人之道的精华都已随着古人死去而无法传世,那么君王所读的不就是古人的糟粕了吗?"

凿壁偷光　　语出——《西京杂记》卷二

"凿壁偷光",比喻人们勤学苦读,刻苦好学。

匡衡家祖祖辈辈务农,生活贫困,从小靠帮助别人干活儿过日子。像他这样的家境,根本没有钱买书,也上不起学。但是,这个出生在农家的孩子却偏偏酷爱读书,这使他十分苦恼。

后来,匡衡听说附近有户人家,主人名叫文不识,家里藏有许多书。他便上这户人家去要求干活儿。主人见他人很老实,口齿又伶俐,便答应他留下来。接着向他:

"一年要给你多少工钱呀?"

"我一个钱也不要。"

主人感到很奇怪,说道:

"你来干活儿,不就是想挣几个钱吗?为什么一个钱也不要呢?"

"我干活儿是为了能读到书。只要主人愿意把收藏的书借给我读,就算是给我工钱了。"

文不识被匡衡这种求学的精神所感动,答应了他的请求。

匡衡找到了书读,高兴极了。干活儿之余,他就把时间都用在读书上。但匡衡白天的空余时间毕竟很少,只有晚上才有充裕的时间,可是晚上看书要点灯,他却没有钱买油,为此他很是焦虑。

匡衡家隔壁有户人家很富有,每天夜里家中都灯烛辉煌。匡衡真想晚上到那户人家去读书,但长久打搅人家也是不行的,只好放弃了这个念头。那么要怎样才能借到人家家中的光亮呢?

匡衡想着想着,忽然看见墙的缝隙里透过来一线亮光,顿时觉得可以利用缝隙借光。于是,他把墙壁凿开了一个小洞,让更多的光线射进自己的屋子。从此,匡衡每天夜里就蹲在这小洞边,借用透过来的烛光读书,直到人家熄灭了烛光,他才去睡觉。

就这样,匡衡把文不识家的藏书全部读完了。后来,他终于成为一位著名的学者。

招摇　语出——《史记·孔子世家》

"招摇",指公开炫耀、张扬自己。

公元前496年,孔子因看不惯鲁定公的荒淫生活,带着他的弟子们离开了鲁国,到卫国去谋求出路。卫灵公很器重孔子的才学,以优厚的待遇把孔子和他的弟子们留在了卫国。可是没隔多久,就有人在卫灵公面前说孔子的坏话,说他带了弟子到卫国来是有目的的,实际是为鲁国谋利益。卫灵公听了这些话,便也对孔子提防了起来,并派人暗中监视他。

孔子知道卫灵公不信任他,就带上学生颜渊和子路等人悄悄离开卫国,到宋国去了。

走到半路上,突然有一群手持棍棒的人冲上来,嚷着要捉拿孔子,子路拔出剑来保护老师。孔子想,自己从来没有仇人,一定是发生了误会。仔细一问,原来是因为孔子的面貌长得很像他们要捉的人而一时弄错了。这时,卫灵公也派人追来请孔子回去,并向他道歉。孔子推辞不过,只好又返回了卫国。孔子在一个好朋友的家里住了下来。他认为这一回卫灵公准会重用他,便等待着卫灵公的召见。可是日子一天天地过去,却总也不见动静。

一天,卫灵公派人来接孔子一起外出游玩。只见披红挂彩的骏马拉着富丽豪华的大车,像长龙一样从宫中驶出来,一路上鼓乐齐鸣,声势浩大。卫灵公坐在最中间的一辆金光闪闪的大车上,孔子则和王后同坐一

辆车跟在后面。孔子觉得心里很不自在,当时只因为卫灵公盛情邀请,他不好意思推辞才答应同行。围观的人群把军队经过的大街围得水泄不通。当孔子和王后乘坐的大车从人们面前经过时,许多人都发出一阵嘲弄的笑声:"哈哈,连孔夫子也学着跟王后一起招摇过市啦!"

孔子听了,觉得受到了极大的侮辱,在路上他就向卫灵公告辞回去了。他对弟子们说:"我从未见过像卫灵公这样贪图虚荣又不重实际的人,卫国绝不是我想待的地方!"没过多久,孔子就带着他的弟子投奔宋国去了。

真面目　语出——《题西林壁》

释义

"真面目",指本来的面貌;真相(含贬义)。

故事

苏东坡是我国历史上著名的文学家,他的诗和词在我国文学史上占有极其重要的地位。他一生喜欢游览祖国的名山大川,并且写下了许多脍炙人口的传世佳作。

有一年,苏东坡兴致勃勃地到江西庐山旅游。庐山是我国的名山之一,位于江西省九江市南,星子县北,山间不仅到处都是奇怪的高岩深壑,而且终年云雾弥漫,变幻无穷,风景十分美丽。兴致所至,苏东坡在山上

西林寺的墙壁上挥笔写下了一首诗,将诗作命题为《题西林壁》。诗的全文是:

横看成岭侧成峰,远近高低各不同。
不识庐山真面目,只缘身在此山中。

这首诗,写出了庐山变化多姿的面貌:横看是绵延起伏的巨岭,侧看是层层峭立的奇峰,远一些看,近一些看,或站高一步看,站低一步看,姿态景色各有不同。真是气象万千,简直没法辨识它究竟是怎样的一副真面目。

诗的后两句,是历来为人们所称道的。凡事的真相不易弄清,或某人的态度不很明朗,人们常用"不识庐山真面目"来作比喻;形容"当局者迷",由于自身陷进了复杂的矛盾之中,因此难于清醒客观地分析问题,人们也常用"不识庐山真面目,只缘身在此山中"来比喻。从模糊迷乱的现象中表露的真相,叫做"真面目"。

知音

语出——《列子·汤问》

释义

"知音",比喻彼此相知,情谊深厚的好友。

故事

相传,晋国大夫俞伯牙善弹琴。

有一次,俞伯牙奉晋国国君之命出使楚国,顺便回家看看。那天正是中秋佳节,晚上,俞伯牙坐的船,停泊在汉阳江口,他一边赏月,一边轻轻地弹奏瑶琴。

忽然,俞伯牙发现有人在偷听他的琴音,于是立刻叫人去找,当场找来一个青年樵夫。俞伯牙问他:"你听得懂吗?"青年樵夫说:"你弹的是'孔子叹颜回'。"俞伯牙十分惊异,即以礼相待。俞伯牙和他谈论琴理,他都对答如流。俞伯牙高兴地说:"现在,我来弹琴,你试听听我在想什么。"

俞伯牙抬头远望高山,琴音中表现山的高大之状。樵夫听了,说:"巍巍乎意在高山!"俞伯牙又对着江水,在琴音中表现水的奔流之势。樵夫听了,说:"洋洋乎若江河。"俞伯牙大喜说,你真是我的知音啊!问他姓名,得知他姓钟名子期,俩人便互称为兄弟。当晚在船上谈一夜。天明临别,俞伯牙约定,明年一定到钟家专访。谁知第二年俞伯牙如期专访钟子期时,钟子期已经去世。俞伯牙悲痛万分,在钟子期的墓前,弹了最后一曲,便把瑶琴碰在石上摔了个粉碎,表示他从此以后,不再弹琴,因为他失去了唯一的"知音"。

根据这个传说故事，人们把善于欣赏音乐的人叫做"知音"。并且用此来比喻彼此非常了解又情投意合的知心朋友。

智囊　语出——《史记·袁盎晁错列传》

 释义

"智囊"，比喻足智多谋的人，善于出谋划策的人物。

 **故事**

晁错是西汉著名的政论家，颍（yǐng）川（今河南省禹县）人。他年轻时学习极为刻苦，曾用心钻研法家学说，通晓文献典籍及历朝的典故。

那时候，汉文帝虽然很重视古代的典籍，但是因为秦朝焚书坑儒事件毁掉了一大批书籍，仅剩的一点点书后来又因战乱而散失。在得知山东有一位叫做伏胜的人还留有《尚书》后，朝廷非常重视。

由于伏胜年岁已高，朝廷便派晁错去向伏胜学习。晁错学成归来后，向汉文帝汇报了情况，汉文帝很是满意，于是命晁错担任太子舍人，后来又任太子家令，以辅助太子。

晁错学识渊博，思维缜密，分析事物见解独到，善辩的口才也令太子很是喜爱。太子遇到很多事情，都要听取晁错的意见，于是大家都称晁错为"智囊"。

汉文帝去世后，太子继位，成为汉景帝。出于对晁错的信任，很快就提拔晁错担任了御史大夫的官职。出于对当时局势的考虑，也为了维护朝廷的利益，晁错建议汉景帝减少诸侯藩国的封地，削弱其权力。汉景帝很快接受了晁错的建议。

可就在这形势紧张的时候，反叛势力直接将矛头指向了晁错，说晁错是皇帝身边的坏人。而此时，汉景帝削除藩王实力的决心已动摇，部分大臣借此机会在汉景帝耳边说晁错的坏话，建议杀了晁错以平息诸王叛乱。没想到，汉景帝竟然听信了小人的谗言，将晁错杀害了。可是，在晁错死后，叛乱并未得到平息，诸王依然叛乱夺权。汉景帝最终还是经过一番武力斗争，才平定了战乱。

自毙　语出——《左传》

释义

"自毙"，比喻自取灭亡。

故事

共叔段是春秋时郑庄公的弟弟，因受封在京地，人们叫他"京城大叔"。

京城大叔因为母亲喜爱他，为此十分骄傲。他不满意哥哥继承王位，但一时又无办法,就处心积虑地设法将哥哥取而代之。他到封地后,首先就修筑京这座城,修得又高又大又坚固。这在当时,无疑是进行作战的准备。

郑庄公手下的大臣祭仲得知后,立即向郑庄公汇报说:"封地的城市过大,必然给国家带来分裂的隐患。祖先有规定:大城市不能超过国都的三分之一,中等城市不能超过五分之一,小的城市只允许有九分之一。今天京地的城市大大超过祖先的制度。这对大王是很不利的。"

郑庄公叹息一声,摇摇头说:"难道我不知道这个道理吗?但也是母亲的意图,我敢说不行吗?"祭仲说:"大王的母亲过于溺爱京城大叔,我看你无论如何忍让,她都不会满足!大王不如早做好准备,不要让这种情况继续发展下去,否则就不好办了。这就好比荒草,到处滋长蔓延,很难根除。京城大叔是您最疼爱的弟弟,到时想除去,恐怕感情上很难办到!"郑庄公听了这一席话,半晌没有开腔。最后,他咬紧牙关充满杀气地说:"做了许多不合道义的事,他就会自取灭亡!"

祭仲终于明白了郑庄公的意思:等我有足够的借口,就除掉共叔段!

走后门　语出——《鹤林玉露》

释义

"走后门",比喻绕过正常程序,通过内部关系或用不正当手段谋取通融或非分利益。

 故事

宋哲宗死后,徽宗继位,以蔡京为相。蔡京拼命排斥和贬谪元祐(哲宗年号)旧吏,还规定其子女不得出仕入京,甚至连其诗文也不准流传,因此引起人们的强烈不满。

在一次朝廷举行的宴会上,艺人们演出了一场讽刺剧。剧情是一个大官据案而坐,传判各事。有个和尚要求离京出游,查看戒牒(僧人受戒的证件)是元祐年间的,立即令其还俗;一个道士遗失度牒(出家的证件)要求补发,一问又是元祐年间出家的,即令剥下道袍复为百姓。总之,凡涉元祐的事,一概排斥。这时,一个属官上前低声说:"今国库发下的俸钱一千贯,皆为元祐钱文,该如何处置?"这大官略作沉思,悄悄说:"那就走后门,从后门搬进来吧!"这尖刻的讽刺,说明当时人们对蔡京的不满。

于是,"走后门"一词也就流传至今。

语出——《史记·淮阴侯列传》

 释义

"左右手",比喻得力的助手。

故事

汉高祖刘邦的丞相萧何,是刘邦的同乡(江苏省沛县人)。刘邦在家乡起兵反秦,萧何就跟着他。一直到刘邦推翻秦朝,打败项羽,建立汉朝,做了皇帝,萧何始终是刘邦最亲信的助手,刘邦简直一刻也离不开他。

当秦朝刚灭亡,刘邦被封为汉王的时候,韩信来投奔刘邦。韩信是很有才能的军事家,刘邦却并不了解,只叫他当一名管粮的小军官。萧何同韩信谈过一次话以后,发现韩信有高超的军事天才,心中非常佩服他。

那时,汉王刘邦的封地在汉中一带,部下的军官士兵见反秦的战事已经结束,有的就不愿意再跟刘邦向西开往汉中,而想着往东方的老家去,因此每天都有人开小差。韩信因得不到刘邦的重用,也就趁此机会偷偷溜走了。

萧何听说韩信走了,不觉大惊,赶紧备马,连夜亲自去追。有人见萧何匆匆忙忙跨马东奔,立刻报告刘邦说萧何也开小差了。刘邦气愤至极,一两天都坐立不安,不知如何是好。直到萧何追上韩信,俩人一同回来了,刘邦才一面欢喜一面抱怨,说他不该话也不留一句便跑了。萧何再次向刘邦竭力推荐韩信,刘邦这才任命韩信为大将军。

《史记·淮阴侯列传》中描述萧何去追韩信时,刘邦着急不安的情形道:"人曰:'丞相萧何亡。'王怒,如失左右手。"

座右铭

语出——《昭明文选》

释义

"座右铭",古人放在座位右边的铭文,泛指用来激励、警诫自己的格言。

 故事

东汉时有个叫崔瑗的人,为人豪爽,又博学多才,尤其擅长书法。崔瑗的哥哥被一个恶人害死了,崔瑗为报兄仇,杀了那个人,因此被官府通缉,他只得隐姓埋名,在外乡流浪多年。后来,恶人的罪行被揭露了出来,官府才赦免了崔瑗的刑罚,崔瑗才获得了自由,回到家中。回家之后,崔瑗写了一篇题为《座右铭》的文章,把文章放在座位的右边,时刻警诫自己。

又据史料记载,宋代有个叫吴瑕的人,他酷爱读史书,每当他读书发现了能令他吸取经验教训的内容,他都要抄录下来,放在座位右边。日复一日,年复一年,他家的墙上、窗上、门上、床边,到处都贴满了警句、格言,用以借鉴。这些东西,也被称之为"座右铭"了。

后来,有不少人也仿效崔瑗和吴瑕写"座右铭"。比如唐代著名诗人杜甫,为了督促自己改掉嗜酒的毛病,也写下了类似的文字。杜甫在《戏题寄上汉中王三首》之一诗中有这样的诗句:"忍断杯中物,只看座右铭。"

现在有些人也喜欢把自己认为非常深刻精辟的一句话或一段格言抄录下来,放在天天看得见的地方,经常看,照着做,这样对自己的品德和学问都是有益而无害的。